Kevin Lwakatare

Proposta de um modelo de defesa multicamada contra um ataque de engenharia social

Kevin Lwakatare

Proposta de um modelo de defesa multicamada contra um ataque de engenharia social

ScienciaScripts

This book is a translation from the original published under ISBN 978-3-330-35072-4.

Publisher:
Sciencia Scripts
is a trademark of
Dodo Books Indian Ocean Ltd. and OmniScriptum S.R.L publishing group

120 High Road, East Finchley, London, N2 9ED, United Kingdom
Str. Armeneasca 28/1, office 1, Chisinau MD-2012, Republic of Moldova, Europe
Printed at: see last page
ISBN: 978-620-7-54255-0

Índice

Índice.. 1

Tabela de abreviaturas e termos 2

Resumo 4

Introdução.. 5

CAPÍTULO 1.. 6

CAPÍTULO 2... 11

CAPÍTULO 3... 23

CAPÍTULO 4... 43

CAPÍTULO 5... 61

Conclusão... 66

Conclusão e trabalho futuro... 67

Referência 71

Tabela de abreviaturas e termos

SE	Social engineering
SET	Social engineering toolkits
PC	Personal computer
IDS	Intrusion detection system
XSS	Cross-site scripting
Phreaker	Hackers pioneered the art of human hacking

Resumo

Com o desenvolvimento da tecnologia informática, na sociedade moderna, a segurança informática tornou-se um fator importante para a segurança e a privacidade da informação. Embora haja uma série de abordagens de segurança, como a firewall e o sistema de deteção de intrusões, que podem ser utilizadas para proteger as máquinas de serem atacadas, não existe um mecanismo amplamente aceite para impedir que os utilizadores de máquinas cometam fraudes. A engenharia social é o ataque que consiste em comunicar suavemente com a vítima para revelar informações valiosas, a fim de contornar o perímetro de segurança em frente dos recursos relacionados com a informação. Tanto quanto é do conhecimento do autor, o risco não pode ser totalmente eliminado, mas pode ser reduzido e controlado. Neste livro, foi proposta uma nova taxonomia dos ataques de engenharia social para compreender o conceito de engenharia social e obter informações sobre os ataques de engenharia social representativos através da aplicação da taxonomia aos mesmos. Além disso, é proposto um modelo de defesa de engenharia social multicamada para lidar com as ameaças trazidas pelos ataques de engenharia social. Em cada camada, são propostos diferentes mecanismos para facilitar a defesa contra as várias técnicas de engenharia social, a fim de proteger eficazmente os recursos relacionados com a informação e garantir a segurança das TI.

Palavras-chave: Engenharia Social, Vulnerabilidades Psicológicas, Sistemas de Informação, Segurança Informática, taxonomia, modelo de deteção, modelo de defesa

Introdução

A segurança e a privacidade da informação são muito importantes para os bens pessoais, as propriedades das empresas e até para os segredos de Estado. No entanto, continuam a existir várias ameaças de pirataria informática [1] [2][3] (N. Perlroth)[4]. Na sociedade moderna, as pessoas utilizam vários equipamentos digitais, como telemóveis, computadores portáteis, tablets e computadores pessoais, que estão ligados à Internet para comunicar e partilhar informações entre si. Assim, com o desenvolvimento da tecnologia TI, a segurança e a privacidade da informação moderna foram harmoniosamente combinadas com a segurança TI (Hossein Bidgoli) [5] (Ji-Xuan Feng) [6]. A segurança informática inclui não só a proteção dos sistemas da organização contra ataques, mas também a prevenção de que os utilizadores do sistema sejam levados a divulgar informações valiosas, entre outras coisas.

CAPÍTULO 1

1.1. Motivação para a investigação

Devido à inteligência da comunidade blackhat (projeto Honeywall) [7], existem hoje em dia muitas técnicas de pirataria informática, como o buffer overflow, a injeção de SQL e o cross-site scripting (XSS), que podem ser utilizadas para atacar sistemas informáticos com o objetivo de aceder a informações sensíveis (R.C. Joshi) [8]. A maioria dos ataques explora as vulnerabilidades do sistema, que são frequentemente resolvidas através de actualizações atempadas do sistema e da utilização de dispositivos de segurança como a firewall e o sistema de deteção de intrusões (IDS). Por outro lado, alguns piratas informáticos foram pioneiros na arte da pirataria humana (também chamada phreakers em alguns artigos anteriores (K. Mitnick) [32]), conhecida como ataques de engenharia social (SE), para enganar as vítimas de modo a obter informações valiosas, como nomes de contas, números de identificação e até palavras-passe, que podem ser utilizadas para contornar o controlo de acesso e evitar a deteção de intrusões. Os ataques SE são muito mais difíceis de defender para os administradores de sistemas.

Um estudo de [9] mostra que 48% das grandes empresas e 32% das pequenas empresas em todo o mundo foram vítimas de 25 ou mais ataques de SE entre 2009 e 2011. Além disso, o instituto SANS informou que os ataques à rede custam às empresas americanas 266 milhões de dólares todos os anos e que 80% deles são ataques SE [10].

Um exemplo simples de SE poderia ser o seguinte: um phreaker começa a falar suavemente com uma vítima e obtém um par de conta e palavra-passe legítimas. Posteriormente, o phreaker invade um sistema interno através de login autorizado e obtém informações secretas em termos de determinados motivos. Este tipo de intrusão será invisível para o perímetro de segurança. Um exemplo mais sofisticado poderia ser o caso [11]. Assim, os ataques SE tornaram-se uma ameaça de rede muito importante para várias organizações e empresas.

1.2. Questões de investigação

Para se defender contra os ataques SE, é necessário ter em conta algumas questões de investigação. As questões de investigação são propostas a partir de uma meta-questão de como que é dividida em várias sub-questões de como deduzidas, que podem ser descritas da seguinte forma

- Meta-how: Como contribuir para o estudo da engenharia social?

    O Sub-how1: Como classificar os diferentes ataques de engenharia social?

- Quais são as fases de ataque dos ataques de engenharia social?
- Quais são as terminologias dos ataques de engenharia social?
- Qual é o esquema de classificação dos ataques de engenharia social?

    O Sub-how2: Como defender os ataques de engenharia social?

- Qual é o modelo de segurança decente que pode ser usado para se defender contra ataques SE?
- Onde deve ser definido o mecanismo de segurança para evitar ser atacado por engenharia social?

    - Que mecanismo de segurança deve ser concebido?

    O Sub-how3: Como medir o nível de segurança contra ataques de engenharia social?

- Qual é a métrica de medição?
- Quais são os critérios para conceber perguntas de sensibilização?

As sub-questões "como" serão atribuídas, respetivamente, à contribuição dos capítulos 3, 4 e 5. As sub-questões "como", respetivamente atribuídas, passam por uma "função de divisão" dentro dos respectivos capítulos para deduzir novamente as perguntas "o quê". Assim, para além do estado da arte, as principais contribuições deste livro são as respostas a estas questões de investigação.

1.3. Metodologia de investigação

Este livro aplica uma metodologia de investigação baseada no método de investigação de conceção-ação (ADR) (Maung K. Sein) [12], que é um método de investigação para gerar conhecimentos de conceção prescritivos através da construção e avaliação de conjuntos de artefactos de TI num contexto organizacional.

1.3.1. Formulação do problema

Este livro começa por analisar os trabalhos relacionados com projectos e investigação sobre segurança da SE, incluindo as taxonomias e modelos conceptuais da SE, os modelos de defesa da SE e as abordagens de medição. Em seguida, é apresentado o espaço problemático da SE e são identificados os riscos acrescidos para a segurança. Assim, a fim de abordar os objectivos do estudo dos ataques SE, o trabalho principal deste livro pode ser revelado a partir do espaço problemático.

1.3.2. Conceção da proposta

De acordo com o resultado da formulação do problema, o livro centra-se em três propostas principais. Em primeiro lugar, é proposta uma nova taxonomia dos ataques SE, que pode ser utilizada para classificar e analisar os ataques SE, e até desvendar o espaço de ataque SE, a fim de fornecer algumas direcções de conceção para os investigadores de segurança se defenderem contra ataques baseados na engenharia social. Em segundo lugar, com base na taxonomia proposta, podem ser melhoradas algumas abordagens e modelos de segurança para a defesa contra os ataques SE. Por conseguinte, é proposto um novo modelo de defesa contra ataques de engenharia social, que inclui três camadas: prevenção, deteção e controlo. Cada camada é composta por várias técnicas e mecanismos para implementar a funcionalidade de defesa. Este modelo de defesa SE multicamada pode ser alargado através da adição de novas técnicas. Em terceiro lugar, o livro apresenta algumas abordagens sugestivas de medição do nível de segurança contra os ataques SE. Estas abordagens de medição incluem inquéritos, questionários e até entrevistas para testar a sensibilização dos trabalhadores e até algumas aplicações desenvolvidas que podem realizar ataques SE automatizados para testar o nível de segurança e formar a sensibilização dos trabalhadores contra ataques SE.

1.3.3. Formalização da aprendizagem

O resultado da taxonomia dos ataques de engenharia social pode ser utilizado para classificar de forma geral qualquer tipo de ataque de engenharia social. A taxonomia é um quadro básico que pode ser alargado através da adição de novas classes de conceitos de ataques de engenharia social. O modelo de defesa de engenharia social proposto é uma formulação que pode ser utilizada para defender ataques de engenharia social em geral. O modelo de defesa também pode ser alargado através da adição de novos mecanismos de segurança para futuros novos ataques de engenharia social.

1.4. Objetivo da investigação

O objetivo deste livro é compreender, medir e defender os sistemas de informação contra ataques de SE através da investigação das taxonomias de SE apresentadas e dos modelos conceptuais, de ataque e de defesa relacionados. As contribuições deste livro podem ser resumidas da seguinte forma:

1. O trabalho relacionado com os ataques SE é revisto, incluindo as taxonomias, uma variedade de modelos, abordagens de medição e até algumas normas de segurança, a fim de obter uma visão do campo de estudo.

2. É proposta uma nova taxonomia dos ataques de engenharia social, que aplicamos a vários tipos de ataques de engenharia social para efetuar a classificação.

3. É proposto um modelo de segurança em vários níveis para uma defesa eficaz contra ataques de engenharia social, a fim de garantir a segurança das TI e proteger os recursos relacionados com a informação.

4.	São apresentadas algumas abordagens de medição do nível de segurança contra os ataques de engenharia social.

## 1.5.	Organização do livro

O resto deste livro está organizado da seguinte forma: o capítulo 2 faz uma revisão dos trabalhos relacionados; o capítulo 3 propõe uma nova taxonomia de ataques de engenharia social e aplica-a a vários ataques de engenharia social representativos; o capítulo 4 propõe um modelo de defesa de ataques de engenharia social em várias camadas; o capítulo 5 sugere várias abordagens de medição para avaliar o nível de segurança utilizando o modelo de defesa de engenharia social; o capítulo 6 apresenta uma conclusão e trabalho futuro.

2. Trabalhos relacionados

Neste capítulo, será apresentado o estado da arte sobre a engenharia social. Os materiais serão organizados em várias subsecções, ou seja, taxonomias da ES, abordagens de medição e modelos relacionados com a ES, de modo a obter uma visão do campo de estudo e ajudar-nos a descobrir as áreas que também podem ser melhoradas.

2.1. Taxonomias de engenharia social

Hoje em dia, podemos aprender mais sobre os conceitos e técnicas dos ataques de engenharia social com casos reais interessantes a partir de vários materiais facilmente disponíveis, como livros (Tipton) [13] (Hadnagy) [14] (Mann) [15], e, em particular, podemos saber mais sobre o domínio de estudo estudando as suas taxonomias dedicadas, que constituem o estudo teórico das classificações. Tanto quanto é do conhecimento do autor, há uma década atrás existiam muito poucas taxonomias especificamente concebidas para ataques de engenharia social. No entanto, nesse período, existiam várias taxonomias de ataques de rede (Lough) [16] (Hansman) [17] e de computação segura [18]. Posteriormente, algumas taxonomias de ataques de rede começaram a ter em conta as classificações relativas à engenharia social. Por exemplo, Simmons et al. (Simmons) [19] propuseram uma taxonomia denominada AVOIDIT, que classifica os ciberataques em seis categorias: vetor de ataque, impacto operacional, defesa, impacto informativo e alvo de ataque. O vetor de ataque é uma vulnerabilidade ou um caminho utilizado para comprometer um sistema, como uma configuração incorrecta, um buffer overflow, uma validação de autenticação insuficiente, etc., e uma das subcategorias do vetor de ataque é a engenharia social. Outra taxonomia proposta por Van Heerden et al (Heerden) [20] consiste em doze classes e cada classe contém várias subclasses. A engenharia social é uma das subclasses da classe Mecanismo de ataque. Assim, tanto o AVOIDIT como a taxonomia de Van

Heerden trataram simplesmente a engenharia social como um dos métodos de ataque, mas não revelaram os pormenores técnicos dos ataques de engenharia social.

Na verdade, há mais alguns pormenores que podem ser estudados nos ataques de engenharia social. Nos últimos anos, foram propostas várias taxonomias novas centradas nos ataques de engenharia social, que podem ajudar-nos a sair desta confusão.

Em 2014, Katharina Krombholz et al. propuseram uma nova taxonomia (Krombholz) [21] com o objetivo de classificar os ataques de engenharia social. Essa taxonomia propôs três categorias principais para dissecar a engenharia social, que são: canal, operador e tipo. O canal é o meio onde os ataques de ES são efectuados. O canal consiste em correio eletrónico, mensagens instantâneas, telefone, VoIP, redes sociais, nuvem e sítio Web. O Operador indica o ator que lança os ataques de SE, que pode ser humano ou software. O tipo refere-se à abordagem que os ataques SE realizam. A taxonomia conclui quatro abordagens: física, técnica, social e sociotécnica. Além disso, o autor resumiu sete vectores (ou cenários) representativos de ataques de SE: phishing, dumpster diving, shoulder surfing, engenharia social inversa, waterholing, ameaça persistente avançada e baiting (todos estes vectores serão descritos no capítulo 3), embora o autor tenha mencionado o facto de os cenários individuais de ataques de SE não terem sido tecnicamente esgotados. A fim de verificar a taxonomia, o autor aplicou-a a estes cenários de ataque representativos, o que prova que a taxonomia funciona bem na análise destes vectores de ataque típicos da SE. De facto, trata-se de uma taxonomia orientada para o cenário, que extrai as características de ataque do cenário de ataque real e, em seguida, classifica as características numa taxonomia. No entanto, esta taxonomia foi concebida principalmente do ponto de vista do ataque, não tendo em conta as características dos métodos de defesa contra os ataques de SE.

Outra nova taxonomia de ataques SE foi proposta pelo artigo (Heartfield) [22] em 2015. Em contraste com o trabalho de Krombholz, esta proposta concebeu a taxonomia a partir de uma perspetiva de defesa. Adopta três fases de controlo distintas, que incluem a orquestração, a exploração e a execução, definidas pelo CESG [23] como as categorias básicas da taxonomia. Para cada fase, coloca questões que podem ajudar a desenvolver os mecanismos técnicos de proteção. As respostas a estas perguntas compõem as categorias correspondentes, que consequentemente estabelecem toda a taxonomia. A Orquestração consiste no tipo de alvo (alvo de eleição ou de oportunidade), no modo de ataque (manual ou automatizado) e na abordagem de ataque (software, hardware sem software ou hardware com software). A Exploração inclui o vetor de engano (cosmético, comportamental ou híbrido) e a interface de manipulação (interface do utilizador ou interface programática). A Execução é composta por etapas de execução (simples ou múltiplas) e persistência do ataque (pontual ou contínua). Assim, esta taxonomia é orientada para as fases de defesa e, em cada fase, apresenta várias subcategorias mutuamente exclusivas cujas características devem ser consideradas para desenvolver os mecanismos técnicos de proteção. A taxonomia não é exaustiva e pode ser alargada com base nas três categorias principais. A taxonomia foi avaliada através da aplicação a 30 ataques diferentes observados na natureza, com o objetivo de ajudar a desenvolver os mecanismos de proteção técnica.

Além disso, o documento (F. Mouton) [24] propôs um modelo ontológico para definir o domínio da engenharia social. O conjunto das categorias fornecidas por esta ontologia de engenharia social pode ser considerado como a taxonomia da engenharia social. Este modelo define que um ataque de engenharia social, utilizando comunicação direta ou comunicação indireta, tem um engenheiro social, um alvo, um ou mais princípios de conformidade, uma ou mais técnicas, um meio e um objetivo. Estas seis entidades são definidas como classes no modelo.

2.2. Abordagens de medição

É importante estudar os métodos de medição do nível de segurança em relação à engenharia social, porque não se pode proteger o que não se pode medir. Atualmente, grande parte da segurança da informação depende dos indivíduos e não das medidas técnicas de segurança [25] (Jagatic) [26]. Assim, ao contrário das vulnerabilidades técnicas tradicionais, os ataques de engenharia social centram-se nas vulnerabilidades psicológicas do ser humano.

Os indivíduos responsáveis pela segurança da informação numa organização são todos os empregados. O documento (Manjak) [27] mede o valor dos esforços de sensibilização para a segurança da informação na organização através da aplicação de várias tácticas de engenharia social dirigidas aos empregados, que uma campanha de sensibilização para a segurança da informação pretende combater. Embora a sensibilização dos funcionários possa ser melhorada através da educação para a segurança, existem vários obstáculos à educação dos funcionários, tais como a má conceção do programa de sensibilização, a falta de apoio a nível executivo, restrições orçamentais, etc. No entanto, a sensibilização para a segurança não é uma formação. Na verdade, depende da consciência e da atitude dos trabalhadores. Os trabalhadores não estarão motivados para melhorar a sensibilização para a segurança se não virem qualquer razão para se preocuparem com a segurança da informação. Assim, a fim de resolver o problema da ignorância dos empregados, a primeira tarefa é convencer o pessoal de que tem uma participação pessoal no esforço para proteger os activos de informação da organização. Além disso, é necessário identificar os comportamentos que colocam em risco os activos da organização. Através de vários métodos de recolha de informação, como inquéritos, questionários e entrevistas, é possível identificar a mensagem central para evitar comportamentos de risco.

A utilização da política de segurança normalizada é uma forma eficaz de ajudar as organizações a formar o pessoal e a controlar os riscos de segurança. Atualmente, existem várias normas de segurança padrão, tais como as "Cinco Grandes": ISO/IEC 27001, BS 7799, COBIT, PCI DSS, ITIL&ISO 2000. No entanto, poucas delas incluem políticas que abranjam ataques de engenharia social. A ISO/IEC 27032[1] , alargada a partir da ISO/IEC 27001, é uma norma internacional completamente nova publicada pela ISO que abrange as práticas de segurança de base para todos os intervenientes no ciberespaço. Fornece, nomeadamente, orientações técnicas para lidar com os ataques de engenharia social. Assim, a organização que se preocupa com a segurança da informação pode escolher a norma ISO/IEC 27032 para implementar o quadro de segurança cibernética para evitar ataques de engenharia social. No entanto, esta nova norma de segurança ainda não se sabe como se irá revelar na prática e até que ponto será amplamente aceite. A utilização das normas de segurança facilita a medição da segurança. A norma ISO27004[2] define um método de medição com os seguintes passos: 1. Lista completa dos controlos implementados em conformidade com o anexo A da norma ISO27001; 2. Método de medição dos atributos associados aos controlos; 3. Medida de base para os atributos de controlo; 4. Geração do indicador.

Marcus Nohlberg et al. propuseram um novo protocolo de entrevista (Nohlberg) [28] para medir o grau de preparação de uma organização que utiliza a política de segurança para lidar com ataques automatizados de engenharia social. O protocolo de entrevista consiste num questionário que abrange 15 áreas do modelo concetual da ES (Nohlberg)
[29] e a avaliação da resposta às perguntas foi efectuada com base numa matriz tríade comportamento/atitude/conhecimento bem estabelecida. Cada item da tríade tem uma escala de classificação de 3 níveis: nenhum (0), informal (+1), formal (+2). Assim, a melhor pontuação possível para uma organização é de seis

---

pontos em cada uma das 15 áreas, o que equivale a 90 pontos no total.

De facto, a tríade comportamento/atitude/conhecimento foi inspirada no artigo (Kruger)
[30] que propôs um protótipo para avaliar a sensibilização para a segurança da informação. Este artigo apresentou a metodologia utilizada para desenvolver a ferramenta de medição através da resposta a duas questões: o que medir e como medir. Para responder à primeira questão, propôs uma estrutura em árvore do problema que é desenvolvida com base em três dimensões: atitude, conhecimento e comportamento. As três dimensões foram tecnicamente emprestadas do campo da psicologia social, que propõe que as predisposições aprendidas para responder de forma favorável ou desfavorável a um determinado objeto têm três componentes: afeto, comportamento e cognição. Propôs também um modelo de pontuação baseado num questionário para responder à segunda pergunta. No modelo de pontuação, a consciência também tem uma escala de classificação de 3 níveis: bom, médio e mau, que tem a pontuação de medida 80-100, 60-79, 59-menos, respetivamente. Embora se trate de um protótipo de avaliação genérico e não se destine a medir o programa de sensibilização para a segurança contra ataques de engenharia social, a metodologia proposta é útil para ajudar outros investigadores de segurança a desenvolver novas ferramentas de medição.

Os trabalhos acima referidos centraram-se principalmente na discussão da metodologia de medição, mas consideram pouco ou não revelam os pormenores de como definir o questionário e que tipo de perguntas devem ser feitas. O artigo (Cheng)
[31] apresentou que as métricas de segurança podem ser consideradas como um padrão (ou sistema) utilizado para medir quantitativamente a postura de segurança de uma organização, pelo que, para obter uma avaliação exacta, são necessárias métricas simples mas significativas. Embora tenha proposto métricas de segurança para a consciencialização geral da situação cibernética, ainda pode

inspirar o investigador de segurança a conceber métricas eficazes para o programa de consciencialização contra ataques de engenharia social.

2.3. Modelos relacionados com a engenharia social

Nesta subsecção, são apresentados modelos relacionados com a SE, tais como modelos conceptuais, modelos de deteção e modelos de proteção, a fim de estudar a forma como os ataques de engenharia social podem ser evitados.

2.3.1. Modelos conceptuais

Uma taxonomia é também um modelo concetual. No entanto, na presente subsecção, serão apresentados vários modelos conceptuais específicos da engenharia social.

Mitnich [32] propôs um modelo concetual que descreve o ciclo de ataque de engenharia social (SEAC) na perspetiva dos atacantes, mas o modelo SEAC é explicado de forma demasiado sucinta e carece de explicações pormenorizadas. Com base nisso, Nohlberg e os seus (Nohlberg) [29] propuseram um novo modelo que descreve o ciclo de engano na perspetiva do atacante, do defensor e da vítima. O modelo tem cinco etapas em cada ciclo. Ou seja, se um atacante não for capaz de cumprir o requisito numa etapa, o seu ataque falhará. Da mesma forma, se uma das etapas do ciclo de defesa conseguir parar o atacante, o ataque também falhará. Caso contrário, o atacante será bem sucedido e poderá mesmo voltar a fazê-lo. Este modelo pode ser utilizado para construir defesas ou para mapear e descrever um ataque. O artigo (Mouton) [33] propôs outro quadro de ataque de engenharia social que combina o modelo ontológico SE anterior (Mouton) [24] e alargou o ciclo de ataque de engenharia social de Mitnick através da especificação das etapas de ataque. Fornece todos os detalhes de cada etapa de ataque e permite mapear ataques históricos de ES num formato normalizado.

Um arquétipo de sistema é uma boa forma de concetualizar um quadro de guerra de engenharia social através da descrição das relações entre o sistema, as contramedidas e o intruso. O artigo (Gonzalez) [34] utiliza arquétipos de sistemas como padrões idealizados para descrever os principais modos de ataques de engenharia social. Tanto do ponto de vista do ataque como da defesa, os arquétipos de sistema apresentados revelam os dois ciclos de feedback, denominados ciclos de equilíbrio de controlo (B) e ciclos de reforço (R), cujas quatro combinações básicas podem ser utilizadas para descrever a consequência pretendida (CI) do ataque de engenharia social e a consequência não pretendida (UC) como defesa organizacional. A UC é o resultado da reação da organização aos ataques da ES. No entanto, os atacantes da ES também têm um ciclo de solução (SOL) para lidar com a reação da organização e procuram sempre formas de ultrapassar as linhas de defesa de ciclo único. Assim, o documento sugere a conceção de controlos de segurança organizacionais que possam fornecer feedback multicamadas contra a ação combinada do IC e SOL do atacante SE.

A abordagem do arquétipo do sistema é boa para concetualizar o SE a um nível elevado de abstração. No entanto, o poder da sua análise continua a ser questionável em termos de clarificação das técnicas em pormenor. O artigo (Tetri) [35] propôs uma concetualização de SE que consiste em diferentes dimensões de SE que podem ser utilizadas para examinar as técnicas de SE. Através da análise das técnicas utilizadas na realização dos ataques, o artigo extraiu três dimensões diferentes das técnicas de SE: persuasão, fabricação e recolha de dados. Depois disso, propôs uma estrutura abstrata de SE: intruder-techniques-dupe. Os autores sublinharam que, num cenário real, o atacante de SE utilizaria abordagens multidimensionais para atacar a organização, o que pode provar, num caso particular, que a política de segurança da informação é o elo mais fraco do que o elemento humano.

Em particular, Sherly Abraham et al. desenvolveram uma estrutura (Abraham) [36] que mostra os passos que o malware de engenharia social executa para ser bem sucedido. De facto, este documento revela algum malware que utiliza canais de engenharia social para ser ativado, o que inclui estratagemas psicológicos e técnicos. As técnicas psicológicas incluem também algumas tácticas de persuasão, como a utilização da curiosidade, empatia, excitação, medo e ganância da vítima. Os autores afirmam que, embora seja importante que as organizações criem um programa abrangente de segurança da informação, o malware SE não pode ser atenuado apenas pelas organizações, sendo necessária a responsabilidade partilhada dos governos, ISP, utilizadores finais e organismos internacionais para combater o malware SE.

2.3.2. Modelos de deteção

O alvo dos ataques de engenharia social são frequentemente os empregados que têm conhecimentos limitados sobre a infraestrutura de tecnologia da informação. O artigo (Bezuidenhout) [37] propõe um modelo de deteção de ataques de engenharia social (SEADM), que pode ser utilizado pelos trabalhadores para detetar ataques de engenharia social dos requisitantes num ambiente de centro de chamadas. Os autores afirmam que os engenheiros sociais utilizam frequentemente vulnerabilidades psicológicas para influenciar o estado emocional e as capacidades cognitivas da vítima, a fim de obter informações objectivas. Assim, a fim de aumentar a sensibilização do indivíduo para os pedidos de engenharia social, o documento propôs um questionário eletrónico de autoavaliação automatizado. Se o indivíduo for detectado como emocional, a chamada ou o pedido de correio eletrónico será reencaminhado para outro indivíduo. No entanto, esta estratégia pode iniciar a mudança de responsabilidade no trabalho e até promover mais frustração em todos os indivíduos envolvidos.

No SEADM anterior, a determinação do estado emocional é subjectiva e é impossível tomar decisões instantâneas quando se trabalha sob pressão. Assim, o artigo (Mouton) [38] melhorou o SEADM, propondo e incorporando uma medida psicológica de funcionamento cognitivo para determinar o estado emocional e a capacidade de tomada de decisões. Este artigo aplicou três medidas psicológicas da Psychology Experiment Building Language (PEBL): Wisconsin Card Sorting Test, Eriksen's Flanker Test e Dot Judgment Test. A fim de incorporar as medidas psicológicas no SEADM, o documento sugere que o indivíduo aplique duas versões abreviadas das três medidas, uma no estado inicial e outra no estado final do SEADM. Devido ao facto de cada medida gastar apenas até três segundos, não compromete a eficiência no ambiente de chamada.

Os dois trabalhos anteriores relacionados com o SEADM centram-se no ambiente do centro de chamadas que utiliza comunicação bidirecional. Por conseguinte, o documento (Mouton) [39] propõe uma versão revista do modelo de deteção de ataques de engenharia social, nomeadamente o SEADMv2, alargando o modelo de modo a poder abranger ataques de engenharia social que utilizam comunicação bidirecional, comunicação unidirecional ou comunicação indireta. Assim, o SEADMv2 é mais capaz e pode ser aplicado para mapear ataques SE muito mais gerais.

Inspirado no sistema genérico de deteção de intrusões de rede (IDS), que utiliza a abordagem baseada em assinaturas para detetar o tráfego de rede malicioso, o artigo (Bhakta) [39] apresenta uma nova abordagem baseada numa lista negra de tópicos (TBL) pré-definida para detetar ataques de engenharia social, verificando se os tópicos de discussão de cada linha de texto gerada pelo potencial atacante correspondem ao tópico na TBL. Os resultados experimentais mostram que esta abordagem tem uma elevada precisão de deteção e baixas taxas de falsos positivos.

2.3.3. Modelos de proteção

O documento (Gragg) [41] começou por definir sete vulnerabilidades psicológicas: afeto forte, sobrecarga, reciprocidade, relações enganosas, difusão da responsabilidade e do dever moral, autoridade, integridade e consistência e, em seguida, definiu uma defesa a vários níveis que abordará estes factores psicológicos. A defesa a vários níveis inclui uma política de segurança, formação de sensibilização para a segurança para os empregados, formação em resistência para o pessoal-chave, avisos contínuos, minas terrestres de engenharia social (SELM) e resposta a incidentes.

O estudo (Mataracioglu) [42] propôs um método qualitativo denominado modelo do ciclo de vida da segurança contra ataques de engenharia social (SLM-SEA). Embora esta abordagem continue a centrar-se principalmente no reforço da sensibilização dos indivíduos para evitar a engenharia social, propôs um modelo abrangente que consiste na formação dos utilizadores, nos testes, na medição e no feedback dos resultados, que se enquadra no ciclo Planear-Fazer-Verificar-Atuar (PDCA) utilizado em todos os processos do SGSI [43]. Assim, o ciclo PDCA pode funcionar em qualquer sistema de gestão.

2.4. Conclusão

Por conseguinte, através da revisão do estado da arte da engenharia social, é possível obter um conhecimento básico sólido deste domínio de estudo. No entanto, as actuais taxonomias da ES podem ser melhoradas para se tornarem muito mais completas, o que, combinado com os modelos conceptuais e os quadros de referência propostos para a engenharia social, nos proporciona um conhecimento formalizado desta área de estudo. São também a base das abordagens de medição.

Uma vez que os alvos dos ataques de SE são os indivíduos envolvidos na segurança da informação, o alvo das abordagens de medição são os programas de sensibilização, as normas de segurança aplicadas e os modelos de segurança de SE que educam e formam os funcionários da organização. Um tipo de abordagem de medição consiste em lançar ataques reais à organização alvo, mas este método tem problemas legais e éticos. Por conseguinte, uma metodologia ética para medir o valor dos esforços de sensibilização para a segurança da informação é uma entrevista baseada num questionário aos funcionários da organização. Para além disso, o valor da avaliação depende de boas métricas que possam tornar o questionário simples mas significativo.

No entanto, atualmente, a maioria das abordagens de defesa contra ataques de engenharia social centra-se no reforço da sensibilização da vítima do ponto de vista psicológico. Falta um modelo abrangente e eficaz de defesa contra a engenharia social que possa proporcionar uma defesa em vários níveis, incluindo políticas de segurança, educação individual, até mesmo mecanismos de proteção automatizados e resposta a incidentes, etc., a fim de atenuar os ataques de ES às organizações.

CAPÍTULO 3

3. Taxonomia da engenharia social

A taxonomia é o estudo teórico da classificação. Uma taxonomia dos ataques de engenharia social pode ajudar os investigadores a explorar o espaço do problema e a avaliar a aplicabilidade e o âmbito das soluções propostas para uma variedade de ameaças actuais e futuras. Neste capítulo, é proposta uma nova taxonomia dos ataques de engenharia social, que é aplicada a vários ataques típicos de engenharia social como estudo de caso, a fim de validar a sua eficácia na classificação de casos reais.

3.1. Esquema de classificação

Como todos sabemos, uma intrusão na rede em geral pode ser dividida em cinco etapas: reconhecimento, análise, exploração, obtenção de acesso e manutenção do acesso. Para os ataques de engenharia social, em especial, o modelo de Kevin Mitnick (Mitnich) [32] propôs outras cinco etapas: investigação, desenvolvimento da confiança, exploração da confiança e utilização da informação. Do mesmo modo, Gartner propôs um ciclo de ataque de engenharia social (Gartner) [44]: recolha de informações, desenvolvimento de relações, exploração e execução. Além disso, algumas outras propostas (Heartfield) [22] (Nohlberg) [29] dissecaram o ataque de engenharia social em várias fases, a fim de descobrir as características comuns. É certo que se trata de uma boa forma de analisar o ataque de engenharia social, a fim de abstrair as categorias para formar o esquema de classificação. No entanto, estas taxonomias e modelos conceptuais propostos dão demasiada ênfase à descrição das abordagens passo a passo, dando pouco apoio às características de cada etapa do ataque, o que não pode ajudar muito a obter uma visão dos ataques de engenharia social e também não pode ajudar a desenvolver estratégias de defesa eficazes devido à fraca capacidade de investigação.

O objetivo é fornecer uma taxonomia dos ataques de engenharia social que possa ser utilizada como estudo holístico e como base para o desenvolvimento de um modelo de defesa SE. Por conseguinte, a nova taxonomia dos ataques de engenharia social inclui três fases: orquestração, exploração e comprometimento, que constituem as principais categorias da taxonomia. No entanto, em cada fase, são fornecidas subclasses suficientes em termos das características da fase, a fim de analisar e classificar completamente as instâncias reais. A Figura 1 apresenta uma visão geral da nova taxonomia proposta para os ataques de engenharia social.

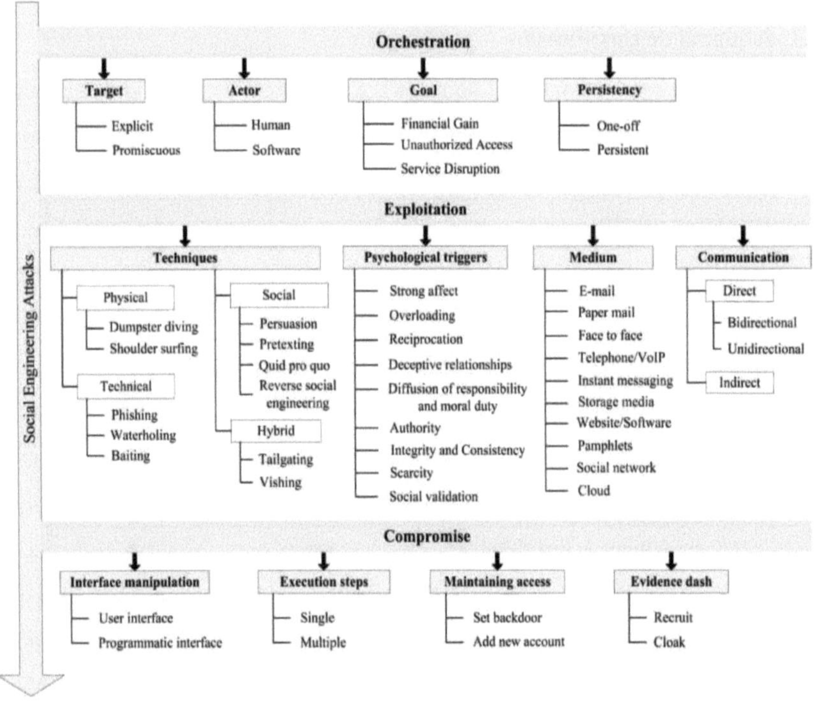

Figura 1. Uma visão geral da nova taxonomia dos ataques de engenharia social

No entanto, é necessário ter em conta alguns princípios para definir uma taxonomia de elevada qualidade. Estes requisitos foram enumerados numa lista exaustiva, que pode ser resumida numa série de termos: aceitável, compreensível, completo/exaustivo, determinismo, mutuamente exclusivo, repetível, consistente, definido por vontade própria, não ambíguo e útil. As definições pormenorizadas destes termos podem ser consultadas no documento (Hansman) [17]. A taxonomia também obedece a estes princípios, no entanto, note-se que é difícil dizer que o esquema de classificação apresentado é completo ou exaustivo, porque é inviável escavar todas as classes que possam cobrir o número crescente de características no campo de estudo. Assim, a taxonomia é um quadro que pode ser alargado através da adição de novas classes para satisfazer o requisito de exaustividade. Nas próximas três subsecções, as três fases e as suas subclasses serão descritas em pormenor.

3.1.1. Orquestração

A fase de orquestração inclui a organização do alvo de ataque, do ator, do objetivo e da persistência.

Objetivo (TG)

Esta classe refere-se à metodologia aplicada para selecionar o alvo do ataque na fase de orquestração. Um ataque **explícito (TG1)** visa o alvo de eleição, o que significa que o adversário tem um objeto de ataque específico. Assim, o adversário fará uma grande quantidade de pesquisa e reconhecimento explícitos sobre o alvo específico, a fim de recolher as informações necessárias para atacar o objeto. Em contrapartida, um ataque **promíscuo (TG2)** visa o alvo de oportunidade. Neste caso, o adversário visa um grupo de objectos gerais que têm a oportunidade de ser atacados, em vez de se concentrar no ataque a um objeto específico.

Ator (AC)

Esta classe apresenta a entidade que origina o ataque. Um **humano (AC1)** pode conduzir diretamente um ataque, embora o número de ataques simultâneos seja limitado devido à baixa capacidade de operação individual. Assim, neste caso, o adversário tem de efetuar o ataque manualmente, passo a passo. **O software (AC2)** tem uma capacidade superior à do ser humano, pelo que pode efetuar automaticamente vários ataques ao mesmo tempo. Assim, o software é capaz de atacar vários alvos simultaneamente num curto espaço de tempo.

Objetivo (GL)

Esta classe indica o objetivo do ataque de engenharia social. É certo que existem vários objectivos de ataques de engenharia social. Aqui, são enumerados três objectivos comuns e amplamente aceites. O **ganho financeiro (GL1)** refere-se a ganhos financeiros ou outros, como o roubo de dinheiro ou cartões de crédito, a manipulação do mercado de acções e até mesmo a espionagem empresarial para tentar obter uma vantagem competitiva. O **acesso não autorizado (GL2)** significa obter acesso a informações sensíveis violando o controlo de acesso, como aceder a informações sensíveis através da utilização de um par de conta e palavra-passe legítimos ou explorar uma vulnerabilidade para contornar o perímetro seguro a partir do exterior. Em vez de ganhar algum valor, a **perturbação do serviço (GL3)** tem por objetivo quebrar a funcionalidade para fazer com que o serviço deixe de funcionar devido a alguns motivos, como o direito de se gabar e a luta política.

Persistência (PS)

A persistência descreve as intenções do atacante, que resultam num engano pontual ou persistente. O ataque **único (PS1)**, tal como o seu nome indica, é lançado uma vez e não é executado continuamente. O envio de spam é típico de um ataque SE pontual. O adversário cria uma página Web falsa para recolher informações que, uma vez bem sucedidas, redireccionam o utilizador para sítios Web legítimos e desaparecem. O ataque **persistente (PS2)** refere-se a ataques a longo prazo, maioritariamente baseados na Internet, com fins lucrativos. Este ataque provoca uma ameaça persistente avançada que não se extingue com a exploração bem sucedida de uma só vez, mas que se realiza periodicamente para obter mais lucros.

3.1.2. Exploração

A fase de exploração apresenta os factores envolvidos na ultrapassagem do perímetro de segurança, que incluem as técnicas, os estímulos psicológicos, o meio e a comunicação.

Técnicas (TC)

As técnicas representam as abordagens utilizadas para explorar as vulnerabilidades nos ataques de engenharia social. Inclui quatro subclasses: física, técnica, social e híbrida.

1) Físico (TC-PH)

As abordagens físicas referem-se àquelas em que o adversário realiza algumas formas de actividades físicas para recolher informações (ver Figura 2). O **dumpster diving (TC-PH1)** representa a ação de vasculhar o lixo das empresas em busca de dados sensíveis. O **shoulder surfing (TC-PH2)** indica as técnicas de observação, como olhar por cima do ombro de alguém, para obter informações de segurança.

Figura 2. Abordagens físicas: mergulho no caixote do lixo e "shoulder surfing

2) Técnico (TC-TC)

As abordagens técnicas referem-se às acções técnicas realizadas principalmente através da Internet para recolher informações sensíveis.

O **phishing (TC-TC1)** é a tentativa de obter informações sensíveis, como nomes de utilizador, palavras-passe, dados de cartões de crédito, etc., ou de levar alguém a agir de uma forma desejada, fazendo-se passar por uma entidade de confiança numa comunicação eletrónica. O phishing geral ataca um grupo de alvos de oportunidade. No entanto, o **spear-phishing (TC-TC1S)** centra-se no ataque a alguns indivíduos ou cooperadores específicos, pelo que exige que o adversário reúna antecipadamente informações sobre o alvo pretendido. Assim, o spear-phishing exige mais esforço, mas também tem uma taxa de sucesso mais elevada do que os ataques de phishing gerais.

O **waterholing (TC-TC2)** refere-se ao facto de o adversário comprometer sítios Web que são frequentemente navegados ou que podem ser do interesse dos alvos escolhidos, infectando-os com malware, e depois espera que as vítimas-alvo sejam infectadas no waterhole.

O **baiting (TC-TC3)** é como o Cavalo de Troia do mundo real que explora a ganância e a curiosidade das vítimas para acederem à tentação infetada pelo malware, que pode ser um suporte físico ou software e um item online. O ataque "baiting" é muito semelhante ao ataque de phishing, enquanto o baiting é mais como um presente ou um bem deixado algures que pode ser encontrado pelas vítimas.

2) Social (TC-SC)

As abordagens sociais baseiam-se em factores sócio-psicológicos para manipular as vítimas de modo a obter informações sensíveis.

A **persuasão (TC-SC 1)** tem por objetivo levar a vítima a satisfazer um pedido inadequado para a obrigar a realizar uma ação ilícita com base em alguns estímulos psicológicos, como uma suposta autoridade. Uma persuasão representativa é o **roubo com desvio (TC-SC1D)**, também conhecido como "Jogo da Esquina" ou "Jogo da Volta à Esquina". Trata-se de uma "burla" exercida por ladrões profissionais, normalmente contra uma empresa de transportes ou de correios. O objetivo do roubo de desvio é persuadir as pessoas responsáveis por uma entrega legítima de que a remessa é solicitada noutro local - daí a expressão "à volta da esquina".

O pretexto **(TC-SC2)** refere-se à arte de criar e utilizar um cenário fabricado (o pretexto) que pode ser utilizado para aumentar a probabilidade de a vítima divulgar informações sensíveis ou realizar acções que seriam improváveis em circunstâncias normais. Em comparação com a persuasão, o pertexting consiste em enganar a vítima recorrendo a algumas técnicas, tais como a falsificação de identidade, a utilização de nomes e a utilização de uma identificação falsa, etc.

O **quid pro quo (TC-SC3),** que significa "algo por algo" ou "isto por aquilo" em latim, refere-se aos ataques de engenharia social que prometem um benefício em troca de informações. Este benefício assume normalmente a forma de um serviço, enquanto o baiting assume frequentemente a forma de um bem.

A **engenharia social inversa (TC-SC4)** é um tipo de ataque que recorre à ajuda de alguém que alegadamente pode resolver o problema, que se baseia na confiança estabelecida entre o atacante e a vítima, para que o atacante possa obter informações privilegiadas.

3) Híbrido (TC-HB)

Estas abordagens híbridas referem-se às técnicas de exploração que consistem em várias abordagens individuais diferentes acima descritas. Uma abordagem híbrida típica é a "tailgating".

O **tailgating (TC-HB1)**, também conhecido por "piggybacking", refere-se ao tipo de ataques em que o adversário que não possui a autenticação adequada procura entrar numa área restrita seguindo uma pessoa que tem acesso legítimo (ver Figura 3).

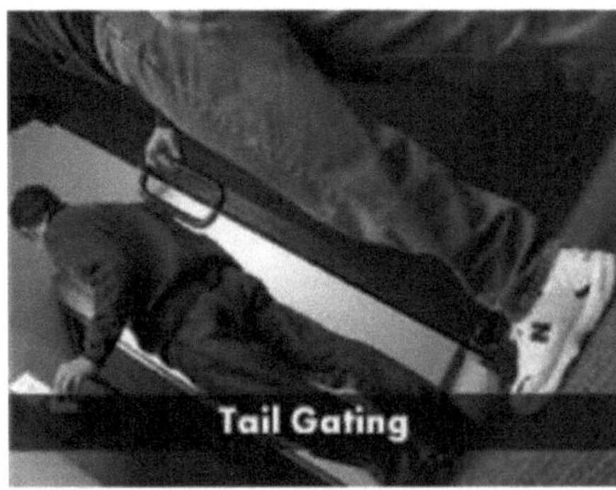

Figura 3. Um tipo de abordagem híbrida: o tailgating

Estas áreas restritas, ou seja, organizações e empresas, são frequentemente protegidas por um controlo de acesso eletrónico e sem vigilância, como um cartão de guarda de entrada baseado em RFID. Por exemplo, o adversário faz-se passar por um motorista de entregas e espera no exterior de um edifício. Quando um funcionário aparece para obter a aprovação da segurança e abrir a porta, o adversário mantém a porta aberta, ou o funcionário pode manter a porta aberta para o adversário que o segue, seguindo a cortesia comum, ou o atacante pode mesmo pedir ao funcionário que mantenha a porta aberta, enquanto o funcionário legítimo pode não pedir a identificação por qualquer uma de várias razões, como aceitar uma afirmação fabricada de que o atacante se esqueceu ou perdeu o símbolo de identidade apropriado.

O **vishing (TC-HB2)**, conhecido como phishing telefónico, é o ato de utilizar o telefone numa tentativa de enganar a vítima para que esta entregue informações privadas que serão utilizadas para roubo de identidade. O burlão finge normalmente ser uma empresa legítima e engana a vítima, levando-a a pensar que vai lucrar.

Desencadeadores psicológicos (PT)

Como todos sabemos, a engenharia social é um exercício social, em que os atacantes exploram normalmente os factores psicológicos das vítimas, ou vulnerabilidades psicológicas, para obter as informações sensíveis desejadas. Por conseguinte, é necessário compreender os factores psicológicos que actuam durante um ataque de engenharia social.

Afeto forte (PT1): é um gatilho que utiliza uma emoção exacerbada como uma distração poderosa, tal como um forte sentimento de surpresa, antecipação ou mesmo raiva, para interferir com a capacidade da vítima de avaliar e pensar logicamente quando os argumentos estão a ser apresentados. Este gatilho psicológico pode ser o medo, a excitação, o pânico, a curiosidade e a cobiça, etc., que são sempre explorados pela técnica de persuasão.

Sobrecarga (PT2): refere-se ao facto de a vítima ter demasiada informação para processar, mas não ter tempo suficiente para a avaliar. Trata-se, portanto, de um gatilho que reduz a capacidade da vítima para processar e analisar o argumento, de modo a que o alvo esteja mais disposto a aceitar argumentos que deveriam ter sido contestados

Reciprocidade (PT3): este estímulo baseia-se na regra da interação social: se alguém nos der algo ou nos prometer algo, devemos retribuir o favor. O raciocínio é que as pessoas estão mais dispostas a satisfazer um pedido se o requerente as tiver tratado favoravelmente no passado. Assim, este fator de desencadeamento pode ser explorada por algumas técnicas, como o quid pro quo e a engenharia social inversa.

Relações enganosas (PT4): este acionador indica que o atacante constrói uma relação forjada com o alvo a fim de aumentar a probabilidade de o alvo divulgar informações privadas ao atacante. A razão é que as pessoas estão mais dispostas a satisfazer pedidos de amigos ou de pessoas de quem gostam e a realizar actividades no âmbito de uma relação legítima e de confiança. Assim, uma forma de o fazer é partilhar informações através da discussão de um inimigo comum. Outro exemplo é o facto de o atacante parecer ao alvo que são muito parecidos, por exemplo, têm os mesmos interesses ou desejam as mesmas coisas da vida. Este gatilho pode ser explorado pelas técnicas de pretexto.

Difusão da responsabilidade e do dever moral (PT5): este estímulo significa que as vítimas estão mais dispostas a aceitar pedidos ou a realizar acções quando sentem que não lhes diz respeito ou que não serão consideradas as únicas responsáveis pelos seus actos. Por conseguinte, este fator psicológico pode também ser explorado pelas técnicas de pretexto.

Autoridade (PT6): indica que as pessoas respondem facilmente aos pedidos feitos por pessoas com mais autoridade do que elas. Este fator pode ser explorado através de técnicas de persuasão e de pretexto.

Integridade e coerência (PT7): este fator de desencadeamento refere-se à tendência das pessoas para seguirem os compromissos assumidos e cumprirem os pedidos que lhes são feitos, mesmo que os compromissos assumidos não sejam, à partida, muito sensatos.

Validação social (PT8): este gatilho significa que as vítimas acedem mais facilmente aos pedidos se estes forem vistos como a coisa socialmente correcta a fazer. As técnicas de "tailgating" podem explorar este gatilho utilizando a cortesia comum da vítima para abrir a porta ao adversário.

Escassez (PT9): este fator de desencadeamento indica que é mais provável que as pessoas satisfaçam um pedido que seja escasso ou cuja disponibilidade esteja a diminuir. A razão que se esconde por trás disso é que as pessoas subconscientemente aprovam o facto de os objectos serem valorizados devido à sua raridade.

Médio (MD)

O meio refere-se ao canal através do qual os ataques de engenharia social efectuam a exploração.

Panfletos (MD8): os engenheiros sociais utilizam frequentemente panfletos para efetuar técnicas sociais, como a engenharia social inversa, para os alvos de oportunidade.

Suporte de armazenamento (MD6): é um suporte físico que pode ser utilizado para efetuar ataques de isco, explorando a ganância e a curiosidade das vítimas.

Correio em papel (MD2): os engenheiros sociais que enviam correio em papel às vítimas podem efetuar técnicas de exploração social, como ataques de engenharia social inversa. Além disso, as mensagens de correio em papel das vítimas, incluindo informações pessoais sensíveis, são também um recurso para o ataque "dumpster diving".

Correio eletrónico (MD1): é o meio mais comum utilizado pelas técnicas de exploração técnica e social, como o phishing e os ataques de engenharia social inversa.

Cara a cara (MD3): a conversa cara a cara é a forma direta de obter informações sensíveis das vítimas através da exploração de estímulos psicológicos.

Telefone/VoIP (MD4): é normalmente utilizado pelas técnicas de exploração social para fazer com que as vítimas divulguem informações sensíveis através da exploração de factores psicológicos.

Mensagens instantâneas (MD5): é um tipo de conversação em linha que permite a transmissão de texto em tempo real através da Internet, que é cada vez mais popular entre os engenheiros sociais para efetuar phishing e engenharia inversa e mesmo roubo de identidade, explorando relações de confiança.

Sítio Web/Software (MD7): é utilizado principalmente para facilitar os ataques de waterholing. Além disso, também pode fabricar uma página Web maliciosa como se fosse a página Web pretendida pelas vítimas para efetuar ataques de phishing.

Rede social (MD9): os engenheiros sociais podem utilizá-la para fabricar identidades falsas e informações complexas para criar relações de confiança com as vítimas.

Nuvem (MD10): os engenheiros sociais podem utilizar o serviço de nuvem num cenário de colaboração para fazer com que a vítima entregue informações sensíveis num diretório partilhado.

Comunicação (CM)

Esta aula apresenta as estratégias de comunicação para facilitar as técnicas de engenharia social. A estratégia de comunicação é composta por duas subclasses: comunicação direta e comunicação indireta e, além disso, a comunicação direta pode ser dividida em duas subclasses: comunicação bidirecional e comunicação unidirecional. A **comunicação bidirecional (CM1)** indica que o atacante e a vítima participam ambos na conversação, como por exemplo, o contacto presencial, o telefone/VoIP, as mensagens instantâneas e até o correio eletrónico enviado pelo atacante ao alvo e a vítima responde ao atacante. A **comunicação unidirecional (CM2)** significa que a conversa é unidirecional apenas do atacante para a vítima, como é o caso dos ataques de phishing. Outro exemplo é o facto de o atacante enviar uma mensagem através de correio em papel sem um endereço de retorno, de modo a que a vítima não possa responder ao atacante. A **comunicação indireta (CM3)** ocorre quando não há uma interação real entre o atacante e a vítima, mas a comunicação ocorre através de um meio de comunicação de terceiros. Um ataque representativo de engenharia social que pertence a esta categoria é o baiting, que pode ser um suporte de armazenamento infetado com malware encontrado pela vítima e que, posteriormente, esta infecta o malware ligando o suporte de armazenamento ao computador pessoal devido a alguma curiosidade e ganância.

3.1.3. Compromisso

A fase de compromisso descreve a forma de obter acesso, manter o acesso e ocultar o acesso ilícito. Assim, esta fase consiste na manipulação da interface, nas etapas de execução, na manutenção do acesso e no registo de provas.

Manipulação de interfaces (IM)

Esta classe refere-se à interface, através da qual o alvo vítima pode ser comprometido pelo vetor de ataque. A manipulação da interface de **utilizador (IM1)** visa abusar da funcionalidade fornecida pela interface de utilizador do sistema alvo, que pode ser uma interface de utilizador de hardware e software. Por exemplo, o resultado do tailgating é obter acesso às definições da empresa alvo através da interface de utilizador do hardware, ou seja, a entrada do edifício. A manipulação da **interface programática (IM2)** refere-se à exploração da falha do programa ou da vulnerabilidade de um sistema alvo através da modificação do programa.

Etapas de execução (ES)

Esta classe indica que um ataque de engenharia social pode ser constituído por uma ou várias etapas. A etapa **única (ES1)** significa que o vetor de ataque só precisa de realizar uma ação individual para atingir o resultado. O ataque **em várias etapas (ES2)** deve consistir em mais do que uma etapa para facilitar a execução e concluir o compromisso.

Manutenção do acesso (MA)

Esta classe apresenta as abordagens que os adversários utilizaram para manter o acesso ao sistema comprometido. **Criar uma backdoor (MA1)** significa deixar um caminho mais fácil para voltar a entrar no sistema comprometido mais tarde. Ao utilizar este método, mesmo que a vulnerabilidade seja corrigida mais tarde, o adversário ainda pode obter acesso ao sistema da vítima para utilização futura. **Adicionar uma nova conta (MA2)** refere-se à criação de uma conta legítima contra o controlo de acesso para poder entrar e sair livremente do sistema da vítima no futuro, por exemplo, para fabricar um cartão ou uma chave de guarda de entrada para que o adversário possa entrar na organização ou na casa da vítima quando não estiver lá mais ninguém.

Painel de evidências (ED)

Esta indicação de classe o adversário cobre os rastos e esconde a intrusão depois de atingir os objectivos. O **recrutamento (ED1)** refere-se à utilização da confiança para recrutar a vítima para trabalhar para o atacante ou mesmo como embaixador para encontrar novas vítimas. A **camuflagem (ED2)** são as acções executadas depois de comprometer uma vítima, a fim de camuflar as actividades ilegais.

3.2. Aplicar a taxonomia a ataques reais de engenharia social

Nesta subsecção, começa-se por apresentar um estudo de caso para explicar como utilizar a taxonomia proposta para classificar e analisar ataques de engenharia social. Posteriormente, serão classificados mais ataques reais de engenharia social, a fim de revelar o espaço de ataque utilizando a nova taxonomia.

3.2.1. Estudo de caso

O backdoor do serviço de apoio ao cliente da Amazon [11] é tomado em consideração como um instante para aplicar a taxonomia. O caso descreve uma história em que os atacantes de engenharia social, fazendo-se passar pela vítima, tentam explorar o gatilho psicológico do serviço de apoio ao cliente da Amazon para obter informações privadas do cartão de crédito da vítima para obter ganhos financeiros. Assim, é possível utilizar a nova taxonomia para analisar este ataque SE, classificando cada passo do ataque.

Na fase de orquestração, a classificação de cada ação deve ser TG1, AC1, GL1 e PS2. As razões podem ser apresentadas da seguinte forma:

Alvo: Os ataques centram-se na obtenção de informações sobre o cartão de crédito de uma vítima específica, pelo que o alvo foi classificado como *explícito*.

Ator: Os ataques foram lançados através de conversas em linha e de conversas telefónicas para contactar o serviço personalizado, pelo que foi classificado como um ator *humano*.

Objetivo: O atacante pretende utilizar o cartão de crédito da vítima para comprar algo, pelo que é óbvio que o objetivo é o *ganho financeiro*.

Persistência: A história mostra que os ataques de engenharia social ocorreram continuamente, incluindo três vezes no espaço de vários meses. Por isso, foi classificado como ataque *persistente*.

Na fase de exploração, as classificações são: TC-SC2, PT4, MD4, MD5 e CM1. As classificações podem ser apresentadas em pormenor da seguinte forma:

Técnicas: o atacante fez-se passar pela vítima para enganar o serviço personalizado, pelo que foi classificado como *pretexto*.

Desencadeamento psicológico: Apesar de o atacante tentar várias vezes explorar o serviço personalizado utilizando a personificação, o adversário não comprometeu os elementos do serviço. Por isso, foi classificada como uma relação enganosa.

Meio de comunicação: A história mostra que as conversas entre o atacante e o material do serviço personalizado foram estabelecidas através de uma aplicação de conversação em linha e de um serviço telefónico. Por conseguinte, os meios de comunicação foram as *mensagens instantâneas* e *o telefone/VoIP*.

Comunicação: Neste caso, tanto o atacante como o material do serviço personalizado participaram na conversa, pelo que a comunicação é *bidirecional*.

Na fase de compromisso, podem obter-se estas classificações: IM1 e ES1. As classificações podem ser apresentadas em pormenor da seguinte forma:

Manipulação da interface: o atacante utiliza apenas a interface normal do sistema do banco a que pertence o cartão de crédito da vítima. Por isso, foi classificado como *interface de utilizador*.

Etapas de execução: depois de o atacante obter as informações sobre o cartão de crédito, só precisa de uma etapa para comprometer a conta da vítima no sistema eletrónico de retaguarda. Por conseguinte, foi classificado como de *passo único*.

Manter o acesso: neste caso, a história não mostrava que o atacante tinha configurado qualquer backdoor para manter o acesso.

Traço de evidência: a história também não menciona qualquer atividade que o atacante tenha realizado para esconder o seu rasto.

Assim, foi apresentado o modo de aplicar a taxonomia proposta para classificar e analisar um ataque real de engenharia social. A taxonomia pode classificar completamente um ataque de engenharia social. No entanto, note-se que é possível que alguns ataques de ES careçam de valores em algumas classes. Por exemplo, o caso mencionado acima não tem valor na manutenção do acesso e no registo de provas. É normal que alguns ataques SE não tenham sido completamente executados ou não tenham sido completamente descritos, pelo que algumas classes relativas não podem ser utilizadas para os classificar. Por contrato, algumas classes podem ter valores múltiplos, como é o caso do meio utilizado neste caso. Porque um ataque SE pode consistir na utilização de diferentes meios para efetuar a sua exploração. Na subsecção seguinte, são seleccionados vários outros ataques de engenharia social como complemento do caso acima referido, para mostrar classificações mais ricas de engenharia social.

3.2.2. Classificação e análise

Nesta subsecção, a taxonomia proposta é aplicada para classificar vários ataques de engenharia social representativos fornecidos pelo artigo (Heartfield) [22], bem como o caso descrito na última subsecção, que foram apresentados na Tabela 1. Note-se que alguns ataques referidos no artigo (Heartfield) [22] não são tipicamente ataques de engenharia social. Por exemplo, alguns ataques man-in-the-middle, como o phishing WiFi Evil Twin e o adware HTTPS man-in-the-middle, que são ciberataques gerais baseados em técnicas de programação de redes.

As classificações destas instâncias representativas mostram que, atualmente, a maioria dos ataques SE são automatizados e dirigidos a alvos de oportunidade. Por exemplo, os ataques de phishing baseados em malware e sítios Web maliciosos. A razão para tal é o facto de a nova tecnologia, ou seja, a tecnologia TI, basear os ataques SE e poder ocultar a verdadeira identidade do atacante. Por conseguinte, as abordagens de exploração técnica são muito mais populares do que outras entre os actuais ataques SE.

Embora as técnicas de ataque se tenham tornado mais automatizadas, o principal fator psicológico do ser humano utilizado para explorar os ataques SE continua a ser as relações enganosas. Muitos ataques SE tradicionais lançados por engenheiros sociais baseiam-se frequentemente no pretexto para fabricar relações enganosas. No entanto, os actuais ataques SE automatizados e programáticos podem utilizar a confiança estabelecida pelas entidades da aplicação, como a página Web, o software, o ficheiro digital, etc., que as vítimas aceitam amplamente, para incorporar o código malicioso e infetar diretamente as vítimas. Os principais objectivos do ataque são o ganho financeiro e o acesso não autorizado.

Quadro 1 Aplicação da taxonomia a múltiplos ataques SE

SE attacks	Orchestration	Exploitation	Compromise
Amazon's custom service backdoor [11]	TG1, AC1, GL1, PS2	TC-SC2, PT4, MD4, MD5, CM1	IM1, ES1
Drive-by download attack (Cova et al.) [45]	TG1/TG2, AC2, GL2, PS1	TC-TC2, PT4, MD7, CM3	IM2, ES1
Malver tisements in social media (Li et al.) [46]	TG2, AC2, GL2, PS2	TC-TC1, PT4, MD9, CM3	IM1, ES1, ED2
Fake mobile applications (Felt and Wagner) [47]	TG2, AC2, GL2, PS2	TC-TC1, PT4, MD7, CM3	IM2, ES2
Instant Message Phishing—Automated (Mannan and Oorschot) [48]	TG2, AC2, GL2, PS2	TC-TC1, PT4, MD5, CM2	IM1, ES1
Multimedia Masquerading (Ford et al.) [49]	TG2, AC2, GL2, PS1	TC-TC1, PT4, MD9, CM3	IM2, ES1, ED1
NFC Phishing (Madlmayr et al) [50]	TG2, AC2, GL2, PS1	TC-TC1, PT6, CM3	IM2, ES2
Peripheral Masquerading by USB (Jacobs) [51]	TG1/TG2, AC2, GL2, PS2	TC-TC3, PT1, MD6, CM3	IM2, ES2, MA1, ED2
Ransomware (Gazet) [52]	TG2, AC2, GL1, PS2	TC-TC3, PT6, MD7, CM3	IM2, ES2, MA1, ED1
SMS Worm --Selfmite (Ducklin) [53]	TG2, AC2, GL2, PS1	TC-TC1, PT1, MD5, CM2	IM2, ES2, ED1

Além disso, com o desenvolvimento da tecnologia informática, surgiram novos meios de ataque, como a etiqueta NFC no ataque de phishing NFC.

A tecnologia mais recente utilizada pelo atacante pode tornar mais difícil a defesa contra o ataque SE.

A tabela também apresenta os ataques representativos de SE baseados em malware que podem executar automaticamente as actividades de camuflagem depois de comprometerem as vítimas, tais como a criação de backdoors, a ocultação dos rastos e até a propagação do malware a outras vítimas.

Além disso, teoricamente, de acordo com a combinação de classes deste esquema de classificação, existem 1140480 tipos de ataques SE no espaço de ataque. No entanto, na prática, o número de tipos de ataques SE é muito inferior. Porque alguns valores de classe têm uma relação específica com outros valores de classe. Por exemplo, o meio "cara a cara" indica que a forma de comunicação deve ser "bidirecional".

3.3. Conclusão

Neste capítulo, é proposta uma nova taxonomia dos ataques de engenharia social. Para as questões de investigação, o esquema de classificação é definido, cada terminologia é descrita e as três fases de ataque são utilizadas para organizar as classes num modelo concetual formal. A taxonomia é aplicada em pormenor a um ataque SE real, a fim de apresentar a forma de utilizar o esquema de classificação para analisar o ataque. De seguida, um conjunto de ataques SE típicos é classificado através da aplicação da taxonomia. O resultado da classificação mostra que esta taxonomia pode classificar completamente os ataques SE reais, o que permite aos investigadores de segurança obter uma perspetiva do campo de estudo. Além disso, a nova taxonomia, enquanto modelo concetual, pode ser alargada através da adição de novas classes ou de novos valores nas classes existentes. Por exemplo, na classe meio, a etiqueta NFC pode ser acrescentada como um novo valor. Espera-se que este trabalho possa ser utilizado para aprofundar o estudo dos ataques SE e até inspirar a ideia de defender os ataques SE.

O problema deste capítulo é o facto de a taxonomia não ter sido devidamente formalizada. A taxonomia pode ser formalizada numa ontologia (OWL de apoio[3] ou NeOn[4]) ou em mapas conceptuais[5] . Depois disso, é necessário mais tempo para deduzir um conjunto de especificações de padrões. Uma taxonomia devidamente formalizada pode deduzir um conjunto de especificações de padrões, que pode ser utilizado para diagnosticar melhor e com mais discernimento os ataques de engenharia social. Na etapa seguinte, deve também ser efectuada uma tradução dos resultados numa árvore de processos de ataque com base nas formalizações da árvore de processos.

---

[3] https://www.w3.org/2001/sw/wiki/OWL
[4] http://neon-toolkit.org/wiki/Main_Page.html
[5] http://cmap.ihmc.us/docs/conceptmap.php

CAPÍTULO 4

4. Modelo de defesa de engenharia social

Como referido, a taxonomia é utilizada para obter informações sobre os ataques de engenharia social. No entanto, o objetivo deste livro é propor soluções de defesa para proteger os recursos do sistema de informação de serem atacados pela engenharia social. Neste capítulo, portanto, de acordo com o conhecimento da taxonomia proposta, é concebido um modelo de defesa de engenharia social em várias camadas, que inclui três níveis de segurança: prevenir, detetar e controlar.

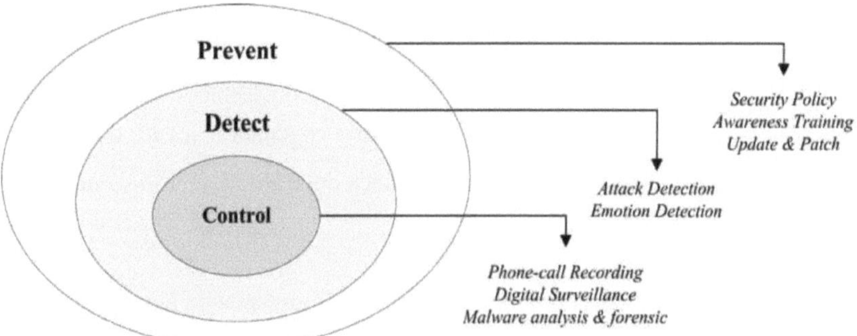

Figura 4. Modelo de defesa de engenharia social

Em cada camada, são propostas várias estratégias e mecanismos para defender os ataques de engenharia social e proteger as potenciais vítimas. Cada camada será descrita em pormenor nas subsecções seguintes.

4.1. Prevenir

A primeira camada de defesa tem por objetivo eliminar as vulnerabilidades que podem ser exploradas pelos ataques de engenharia social.

4.1.1. Política de segurança

Uma política de segurança bem definida e documentada é a base para a defesa contra os ataques da SE. As organizações utilizam frequentemente um sistema de gestão da segurança da informação (SGSI) para enquadrar a gestão dos riscos de segurança da informação. O SGSI consiste em conjuntos de políticas de segurança para definir, construir, desenvolver e manter o sistema informático (incluindo recursos de hardware e software) com base na segurança das empresas. Existem várias normas de segurança para a governação das TI que conduzem à segurança da informação, e as cinco grandes normas do SGSI são a ISO27001, a BS7799, a PCIDSS, a ITIL e a COBIT. Estas políticas determinam a forma como os recursos informáticos podem ser utilizados.

No entanto, a maior parte das normas e políticas de segurança são definidas para fazer face a riscos gerais de segurança da informação, incluindo vírus, worms, hackers, phishers e engenheiros sociais, que ameaçam as organizações. Por conseguinte, estas políticas gerais de segurança são ineficazes devido ao facto de não reconhecerem tudo o que é realmente necessário para fazer face aos ataques de engenharia social. Para defender os ataques de engenharia social, o conjunto de políticas fornecido pelas normas de segurança deve abranger não só os riscos informáticos, mas também os riscos humanos.

Por conseguinte, tal como referido no capítulo 2, recomenda-se às organizações que apliquem (se o orçamento estiver disponível) a norma ISO/IEC 27032, uma nova norma internacional publicada pela ISO que abrange as práticas de segurança de base para todas as partes interessadas no ciberespaço, mas que, em particular, fornece orientações técnicas para enfrentar os ataques de engenharia social. No entanto, esta nova norma de segurança ainda tem de ser validada, para se saber como será na prática e até que ponto será amplamente aceite. Mas funcionará muito melhor como uma norma de apoio à implementação da ISO27001 do que como um quadro independente.

Além disso, todo o ciclo de vida das normas de segurança inclui a investigação, a elaboração de políticas por escrito, a obtenção da adesão da gestão, a sua aprovação, a sua divulgação por toda a empresa, a sensibilização dos utilizadores para as mesmas, a sua aplicação, o seu acompanhamento e a garantia de que são mantidas actualizadas, a eliminação de políticas antigas e outras tarefas semelhantes. A menos que uma organização reconheça as várias funções envolvidas na tarefa de desenvolvimento de políticas, corre o risco de desenvolver políticas mal pensadas, incompletas, redundantes, não totalmente apoiadas pelos utilizadores ou pela gestão, supérfluas ou irrelevantes.

4.1.2. Formação de sensibilização

Uma vez estabelecida e aprovada a base de uma política de segurança, todos os colaboradores devem receber formação em matéria de sensibilização para a segurança. Assim, embora as organizações apliquem normas de segurança adequadas, continuam a precisar de formar a consciência dos funcionários para se defenderem dos ataques da SE. De facto, um ciclo de vida eficaz da política de segurança deve incluir as funções e as responsabilidades correspondentes, tais como as tarefas de sensibilização para a segurança e até a supervisão da conformidade da política. Por conseguinte, o desenvolvimento de uma política de segurança para ataques de SE vai para além da simples redação e aplicação da política. Exige também muito mais actividades do que a aplicação de uma política recém-criada, por exemplo, sensibilizar os funcionários para a mesma e garantir que cumprem as suas disposições.

Esta tarefa pode ser realizada através da definição das necessidades de sensibilização de vários grupos de público dentro da organização (executivos, gestores de linha, utilizadores, etc.); da determinação dos métodos de sensibilização mais eficazes para cada grupo de público (ou seja, briefings, mensagens, cursos); e do desenvolvimento e divulgação de materiais de sensibilização (apresentações, cartazes, mailings, etc.) relativos à necessidade de adesão à política. A função de sensibilização também inclui esforços para integrar informações actualizadas sobre o cumprimento e a aplicação da política, bem como informações sobre as ameaças actuais, para tornar as informações de sensibilização tão actuais e realistas quanto possível. A tarefa final é medir a sensibilização dos empregados para a política e ajustar os esforços de sensibilização com base nos resultados das actividades de medição (que serão descritas no Capítulo 5).

No entanto, os métodos convencionais de formação para a sensibilização do ser humano, tais como cursos de formação, lembretes de rotina, entrevistas, questionários e inquéritos de sensibilização, etc., são trabalhosos, repetidos e talvez mesmo fastidiosos. Atualmente, existem algumas ferramentas automatizadas que podem ser utilizadas para formar e promover a sensibilização dos utilizadores através da simulação de ataques de engenharia social no mundo real. Por exemplo, o King Phisher[6] é uma ferramenta de código aberto que permite treinar automaticamente a sensibilização dos utilizadores para evitar ataques de phishing (ver Figura 5). Pode ser utilizada para realizar campanhas que vão desde a simples formação de sensibilização até cenários mais complicados em que são servidos conteúdos de sensibilização dos utilizadores para recolha de credenciais.

No entanto, os métodos anteriormente mencionados (apesar de existirem várias ferramentas automatizadas que podem ser aplicadas para resolver as tarefas repetidas) são soluções passivas que obrigam os empregados a estarem conscientes das informações sensíveis protegidas pela política de segurança. De facto, a formação de sensibilização não exige simplesmente que os funcionários mantenham segredo sobre as informações sensíveis, mas deseja que saibam identificar as informações confidenciais e compreendam a sua responsabilidade de as proteger. Assim, um método positivo é combinar o lucro do trabalhador, que pode ser o bónus, a recompensa ou a remuneração por mérito, com a segurança da informação sensível. A partir daí, todos os trabalhadores melhorarão ativamente a sua sensibilização, porque a segurança da informação está associada ao seu próprio benefício financeiro.

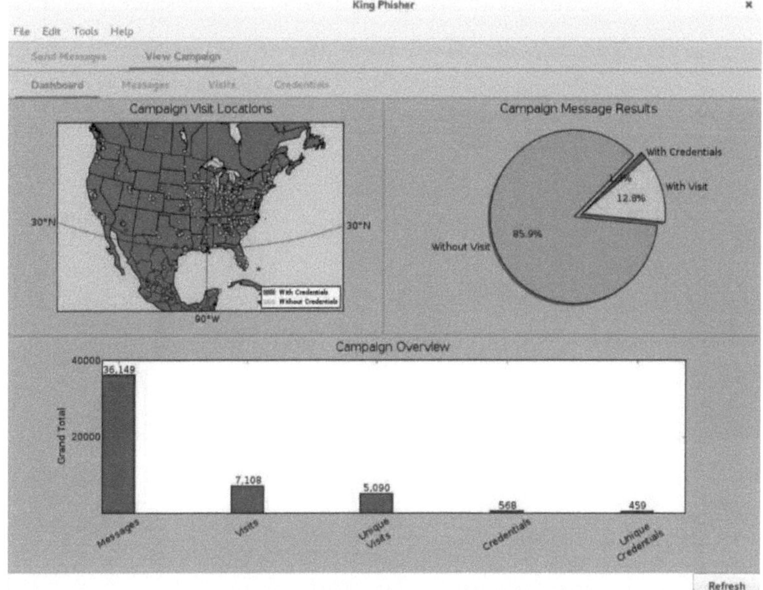

Figura 5. Painel de controlo do King Phisher

Além disso, deve ser tida em conta alguma formação de sensibilização baseada na resistência para o pessoal-chave, como secretárias, recepcionistas, administradores de sistemas, assistentes de negócios, pessoal de serviço ao cliente, etc., cuja função é ajudar os outros, especialmente o público em geral, e aqueles cuja função inclui direitos escalonados.

4.1.3. Atualização e correção

Este mecanismo tem por objetivo reparar atempadamente as vulnerabilidades físicas, técnicas e mesmo psicológicas.

Se a empresa tiver uma boa posição financeira, sugere-se que actualize as instalações do escritório (ver Figura 6). Por exemplo, a fim de evitar o "mergulho" no contentor do lixo, a organização deve equipar uma trituradora de papel para evitar que a informação sensível seja deixada no lixo. Além disso, a utilização da impressão digital

A abordagem de autenticação baseada na palavra-passe substitui o controlo de acesso baseado na digitação da palavra-passe para evitar o shoulder surfing.

Figura 6. Atualização de equipamento para prevenir abordagens físicas de SE: triturador de papel e identificação de impressões digitais

Outro exemplo é a contratação de guardas de segurança na entrada do edifício e em algumas áreas restritas como complemento do controlo de acesso eletrónico. Todas as pessoas que entram no edifício são obrigadas a passar o cartão de identificação. Quem não tiver bilhete de identidade tem de registar os seus dados e passar o controlo de segurança efectuado pelos guardas.

Além disso, a política de segurança deve ser actualizada atempadamente, caso os equipamentos da organização sejam melhorados ou a política de segurança deixe de ser eficaz para o objetivo de segurança atual. O objetivo é abordar o processo de garantir a atualidade e a integridade da política. Inclui o acompanhamento dos factores de mudança (ou seja, mudanças na tecnologia, nos processos, nas pessoas, na organização, no foco do negócio, etc.) que podem afetar a política; recomendar e coordenar as modificações da política resultantes dessas mudanças; e documentar as mudanças na política e registar as actividades de mudança. Esta função também assegura a disponibilidade contínua da política para todas as partes afectadas pela mesma, bem como a manutenção da integridade da política através de um controlo eficaz das versões.

4.2. Detetar

Embora as organizações possam aplicar políticas de segurança para formar a primeira linha de defesa, isso não é suficiente para se defenderem contra ataques de SE. Existem ainda algumas preocupações de segurança que têm de ser tidas em conta. Em primeiro lugar, a organização não pode garantir completamente que todos os funcionários estejam objetivamente cientes das informações confidenciais. Em segundo lugar, mesmo que os funcionários tenham recebido formação adequada e estejam mais conscientes das informações sensíveis, existe ainda o risco de fuga de informações sensíveis de forma subjectiva. Embora a segurança da informação possa ser associada ao benefício financeiro do empregado para reduzir este risco, ainda existe o perigo oculto quando o empregado é extorquido ou mesmo subornado ou por um benefício financeiro mais elevado do atacante. Em terceiro lugar, a política desactualizada e a violação da política de segurança também são riscos ocultos. Assim, se se partir do princípio de que o ataque de engenharia social quebrou a primeira camada de defesa, a segunda camada de defesa tem de detetar estes ataques e emitir alertas a tempo.

Como referido, a engenharia social é a exploração da tendência humana natural para confiar. Assim, a deteção de ataques SE tem por objetivo detetar os ataques que exploram as vulnerabilidades humanas. Nesta secção, são descritas duas abordagens para detetar o ataque SE: deteção de ataques e deteção de emoções. A deteção de ataques é utilizada para detetar o padrão de ataque espalhado pelos meios digitais, como o correio eletrónico, as mensagens instantâneas, o sítio Web, etc., que pode ser analisado por um programa de segurança. No entanto, existem alguns ataques convencionais de SE baseados em humanos que utilizam apenas conversas sofisticadas por via presencial e por telefone/VoIP, que são difíceis de analisar por um programa automatizado. Por conseguinte, é proposta outra abordagem, a deteção de emoções, que é utilizada para detetar o estado emocional do empregado, a fim de determinar quando deve ser emitido um alerta. Estas duas abordagens de deteção serão descritas nas duas subsecções seguintes.

4.2.1. Deteção de ataques

Como referido, existem duas formas eficazes de explorar a fraqueza psicológica do alvo: o phishing e o ataque baseado no diálogo. O phishing baseia-se frequentemente em meios de comunicação unidireccionais e os ataques baseados no diálogo baseiam-se frequentemente em meios de comunicação bidireccionais. Por conseguinte, ambos têm a probabilidade de serem detectados por um programa automatizado.

Nesta subsecção, é proposto um novo modelo de deteção de SE baseado na autenticação e na lista negra de tópicos (ver Figura 7). Neste modelo de deteção de SE, existem duas autenticações: autenticação de relação e autenticação de acesso a recursos. A autenticação da relação é utilizada para verificar se o remetente do pedido é de confiança para o destinatário. A autenticação de acesso ao recurso destina-se a determinar se o remetente do pedido tem o privilégio de aceder ao recurso pretendido.

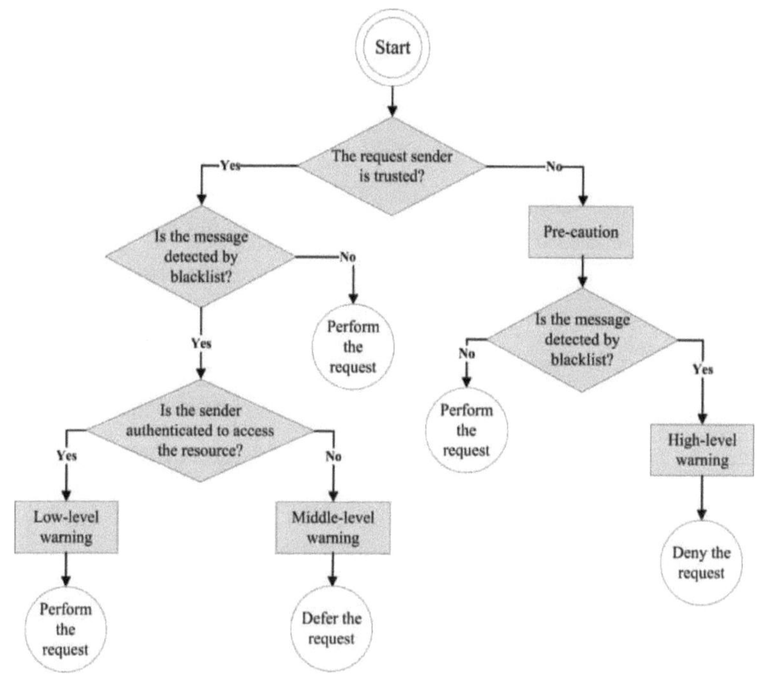

Figura 7. Visão geral do modelo de deteção de SE

Por outro lado, a sensibilidade do próprio recurso é outra preocupação importante que o modelo tem de ter em conta. Assim, a lista negra de tópicos (TBL) é proposta para verificar se o remetente solicita ou não informações sensíveis. A TBL é uma lista de tópicos de declaração, que descrevem uma operação sensível associada a dados sensíveis. Assim, cada tópico é composto por dois elementos: uma ação e um recurso. A ação descreve uma operação que o recetor do pedido pode executar, enquanto o recurso é o recurso do sistema de informação sensível ao qual o acesso é restrito ou, pelo menos, deve ser autenticado. A TBL pode ser gerada de acordo com o documento de política de segurança existente associado ao sistema de informação, ou com base em requisitos de segurança comuns. A forma de cada tópico é uma dupla, como {"send", "money"}, {"tell", "account number"} e {"input", "password"}, etc. Além disso, são propostos quatro níveis de aviso: pré-caução, aviso de baixo nível, aviso de nível médio e aviso de alto nível. Para além disso, são também sugeridas três respostas correspondentes: executar o pedido, adiar o pedido e recusar o pedido.

Assim, presume-se que os ataques SE são lançados por correio eletrónico, mensagem instantânea, texto SMS, conversa nas redes sociais, etc. A mensagem solicitada já é fornecida sob a forma de texto. Este modelo de deteção SE começa por verificar se o remetente é de confiança. Se o remetente não for de confiança para o destinatário, o modelo toma uma precaução para o destinatário. Em seguida, se a mensagem do pedido não entrar na lista negra de tópicos, o recetor efectuará o pedido. Caso contrário, se a mensagem do pedido chegar à lista negra, o modelo emite um aviso de alto nível e recusa o pedido.

Por outro lado, o remetente da mensagem solicitada é de confiança. Assim, quando a mensagem solicitada não inclui qualquer tópico na lista negra, o recetor efectua o pedido. Depois, se a mensagem solicitada atingir a TBL, o modelo começa por verificar se o remetente está autenticado para aceder ao recurso. Se o remetente estiver autenticado, o modelo emite um aviso de baixo nível e efectua o pedido. O modelo emite o aviso de baixo nível com o objetivo de recordar ao recetor que o remetente pode ser um atacante SE que obteve todas as informações de autenticação de uma vítima e depois contornou estas duas autenticações. Uma vez que a técnica para determinar completamente se o remetente é um verdadeiro utilizador legal ou um disfarce SE está para além do âmbito deste livro, pode simplesmente considerar-se que o remetente que passa as duas autenticações é um utilizador legal, mas o modelo gera um aviso de baixo nível como lembrete. No entanto, se o remetente do pedido não estiver autenticado para aceder ao recurso pretendido, o modelo emite um aviso de nível intermédio e adia o pedido, o que significa que o remetente tem de efetuar uma nova autenticação e o seu pedido será colocado numa lista de espera. Esta abordagem pode impedir o ataque SE, mas mantém a possibilidade de responder ao utilizador legal quando este passa a autenticação.

4.2.2. Deteção de emoções

Como já foi referido, alguns ataques SE são difíceis de detetar pelo modelo de deteção proposto. Por conseguinte, propõe-se como complemento a deteção da emoção do empregado. Tanto quanto sabemos, a alteração do estado emocional terá influência no funcionamento cognitivo do indivíduo. Por outras palavras, o estado emocional do empregado pode afetar a sua consciência da informação sensível. No entanto, não é uma tarefa fácil determinar o estado emocional de uma pessoa, e é mesmo uma tarefa impossível para um indivíduo ajustar o seu próprio estado emocional, porque os indivíduos têm a sua própria perceção do estado emocional e mesmo alguns indivíduos são incapazes de realizar este tipo de tarefa de forma racional quando as suas emoções são irracionalmente desafiadas. Por isso, é desejável propor um modelo de deteção de emoções para realizar automaticamente esta tarefa.

Antes de propor o modelo de deteção de emoções, devem ser compreendidos alguns conceitos básicos do estado emocional. Em primeiro lugar, o estado emocional de uma pessoa é algo que pode permanecer constante durante muito tempo, a menos que o indivíduo passe por um incidente muito desconfortável, como uma crise económica, um problema de saúde, a morte de entes queridos, etc., que têm um efeito intenso na função cognitiva. Em segundo lugar, porém, o estado emocional de um indivíduo pode ser afetado num curto espaço de tempo quando o indivíduo é atacado pelo atacante da SE. A experiência de stress severo terá influência sobre a função cognitiva do indivíduo (Mathews) [54]. A partir daí, o modelo de deteção de emoções pode ser proposto como mostra a Figura 8.

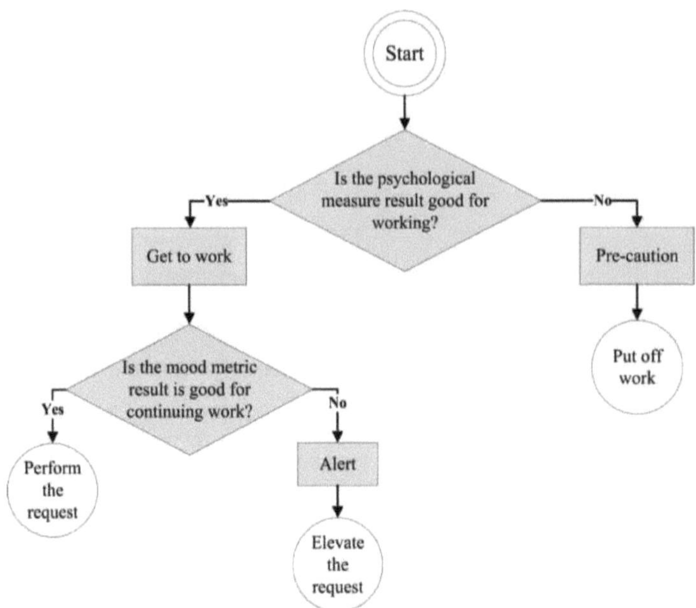

Figura 8 Uma visão geral do modelo de deteção de emoções

O modelo em si não é complexo, tendo dois tipos de aviso: pré-cautela e alerta, bem como três respostas sugestivas. No entanto, as abordagens de medição do estado emocional são os componentes mais essenciais. São propostos dois tipos de abordagens de medição do estado emocional: a medida psicológica a longo prazo e a métrica instantânea do humor.

A medida psicológica a longo prazo não deve ser longa, mas deve ser eficaz para determinar o nível de função cognitiva de um indivíduo antes de este começar a trabalhar. Existem várias medidas psicológicas bem desenvolvidas que podem ser encontradas na Psychological Experiment Building Language (PEBL), que é um projeto de código aberto que permite a criação fácil de medidas psicológicas baseadas em computador[7] . Neste livro, são aplicadas três medidas psicológicas representativas: Wisconsin Card Sorting Test (Monchi) [55], Eriksen's

---

[7] http://pebl.sourceforge.net/

Teste do Flanker (Eriksen) [56], e Tarefa de Julgamento de Pontos (Cicchetti) [57] (ver Figura 9).

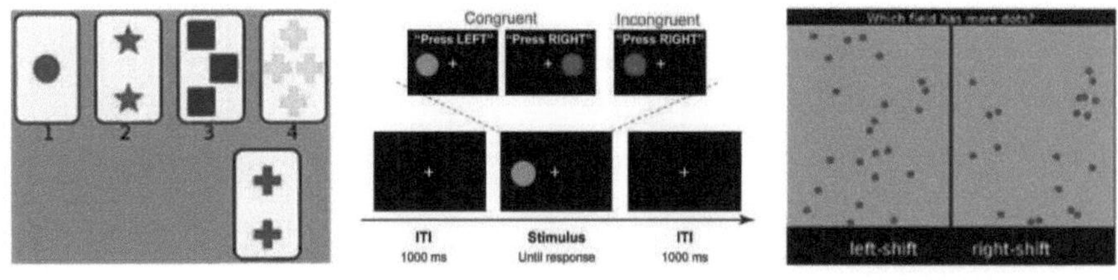

1. Wisconsin Card Sorting Test   2. Eriksen's Flanker Test   3. Dot Judgment Task

Figura 9 Medidas psicológicas a longo prazo

Por outro lado, a métrica de humor instantâneo tem como objetivo monitorizar o estado emocional do indivíduo durante o período de trabalho através da medição de alguns sinais físicos, como as ondas de pulso e as ondas cerebrais. Atualmente, existem vários instrumentos portáteis que podem monitorizar os sinais físicos do indivíduo para determinar a situação de humor e o estado emocional, como o anel Moodmetric[8] e a fita para a cabeça Muse brain sensing[9] (ver Figura 10).

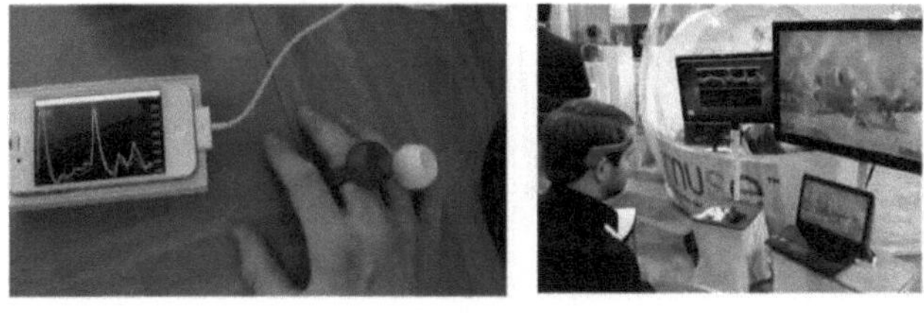

1. Anel métrico   2. Fita para a cabeça com

Figura 10 Dispositivos vestíveis para medição

Todas as abordagens de medição do estado emocional estão resumidas na Tabela 2.

http://urbanwearables.technology/moodmetric-smart-jewelry-emotional-guidance/
http://www.choosemuse.com/what-does-muse-measure/

Measurement approach	Usage in the model	Expense
Wisconsin Card Sorting Test	Long-term psychological measure	Free
Eriksen's Flanker Test	Long-term psychological measure	Free
Dot Judgment Task	Long-term psychological measure	Free
Mood metric ring	Instant mood metric	Budget
Brain sensing headband	Instant mood metric	Budget

Assim, parte-se do princípio de que o trabalhador trabalha como agente de um centro de atendimento telefónico. Antes de começar a trabalhar, o empregado tem de efetuar uma medição psicológica a longo prazo para determinar se o seu estado emocional é adequado para trabalhar. Se o resultado indicar que o estado emocional do indivíduo não é bom para prestar serviço, o modelo gera uma pré-causa e o empregado deve adiar o trabalho. Em contrapartida, o empregado pode usar o dispositivo de monitorização do estado de espírito e começar a trabalhar. Quando o empregado recebe um pedido e o resultado da métrica de humor é suficientemente bom nessa altura, o empregado pode executar o pedido. Caso contrário, o modelo de deteção de emoções emite um alerta e o pedido é transferido para outro colaborador que tenha um humor estável nesse momento.

4.3. Controlo

A terceira camada de defesa destina-se a registar o comportamento malicioso e a realizar a captura de dados para investigação posterior, de modo a que, mesmo que o engenheiro social tenha comprometido o sistema da vítima, a sua atividade continue a ser controlada pelo mecanismo de segurança.

4.2.3. Gravação de chamadas telefónicas

Este mecanismo deve ser utilizado para captar a atividade baseada na técnica social que ocorre no ambiente do centro de atendimento, como o sistema de banco eletrónico em que os agentes do centro de atendimento comunicam diretamente com o engenheiro social. De facto, o mecanismo de gravação de chamadas telefónicas tem sido amplamente aplicado em muitos centros de atendimento bancário. Por exemplo, no início da conversa com o agente do centro de atendimento, é perguntado ao utilizador se essa conversa será gravada. Por conseguinte, pode imaginar-se que, mesmo que o engenheiro social consiga disfarçar-se perfeitamente para contornar a camada de deteção, o seu comportamento malicioso foi captado. Estes dados podem ser utilizados para localizar o engenheiro social e até aplicados como prova de um crime.

4.2.4. Vigilância digital

A vigilância digital tem por objetivo captar o comportamento físico malicioso, como a deambulação pelo contentor do lixo, a navegação à distância e até mesmo a fuga à frente. A câmara de vigilância é o dispositivo mais utilizado para facilitar a tarefa de monitorização. Verifica-se que muitos locais públicos, por exemplo, supermercados, hospitais, bancos, etc., utilizam a vigilância digital. Definitivamente, muitas empresas também aplicam a câmara de vigilância como uma abordagem de segurança. Note-se que a câmara deve ser equipada não só à entrada, mas também no interior das empresas, a fim de monitorizar o potencial comportamento de engenharia social dos informadores. Os dados captados pela câmara podem ser utilizados para localizar o engenheiro social e até aplicados como prova de crime.

4.2.5. Análise de malware e forense

Este mecanismo foi concebido para capturar a atividade maliciosa lançada pelos ataques técnicos SE, ou seja, malware automatizado baseado em computador.

Recomenda-se a utilização de um sistema de honeypot (Spitzner) [58] para facilitar a tarefa de recolha de dados. O honeypot é um sistema de informação utilizado para ser sondado, atacado e comprometido, a fim de captar o comportamento malicioso para posterior investigação. A figura 11 mostra um sistema de honeynet representativo da geração II, que é uma rede constituída por vários honeypots seguindo uma determinada topologia de rede.

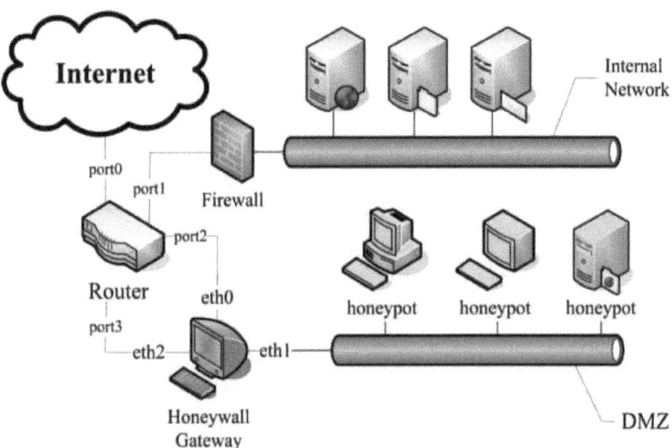

Figura 11. Rede de mel da geração II

Em uma rede corporativa típica, geralmente há duas sub-redes separadas por um roteador. A rede interna é a rede de uma organização que é protegida por um firewall, e a Zona Desmilitarizada (DMZ) é a sub-rede onde os honeypots estão localizados. Os honeypots podem ser executados em máquinas físicas ou virtuais. Normalmente, a DMZ é uma cópia da rede interna. A rede interna armazena sempre informações de segurança. Assim, uma firewall fica na frente da rede interna. A firewall permite o tráfego de saída da rede interna livremente, mas filtra algum tráfego de entrada que não é permitido. Por exemplo, podem ser definidas algumas regras de firewall para que a rede interna não possa ser acedida a partir do exterior, mas possa ser acedida pelo utilizador a partir da DMZ.

Existe uma porta de ligação chamada Honeywall que é utilizada para monitorizar os honeypots, observar e registar o comportamento dos adversários quando estes comprometem os honeypots. A Honeywall é um dispositivo de gateway que separa os honeypots do resto do mundo. Todo o tráfego de ou para os honeypots tem de passar pela Honeywall. Este gateway é tradicionalmente um dispositivo de ponte/comutação de camada 2, o que significa que o dispositivo deve ser invisível para qualquer pessoa que interaja com os honeypots. A partir do diagrama, é possível observar que a Honeywall tem 3 interfaces. As duas primeiras interfaces (eth0 e eth1) são o que separa os honeypots de todo o resto, e são interfaces em ponte que não têm pilha IP. A terceira interface (eth2, que é opcional) tem uma pilha IP que permite a administração remota. Note-se que a Honeywall é apenas um tipo de gateway de dispositivo de contenção, pelo que pode ser substituída por futuros dispositivos avançados.

Com o desenvolvimento da tecnologia de virtualização, muitos honeypots virtuais foram propostos e amplamente utilizados para fins de investigação e produção. Atualmente, existem vários honeypots virtuais centrados na captura e análise de malware automatizado, como páginas Web maliciosas, ficheiros infectados, etc. A caixa de areia Cuckoo[10] é um dos honeypots virtuais destinados a capturar e analisar o malware automatizado. Por conseguinte, na arquitetura da rede de mel Gen II, a máquina virtual pode instalar a caixa de areia Cuckoo funcionando como um honeypot virtual para executar a tarefa de captura e análise de malware.

Por exemplo, uma caixa de areia cuco instalada num honeypot virtual do Windows pode lidar com documentos PDF que contêm amostras de malware. Suponhamos que a máquina virtual tem instalado o Adobe Acrobat Reader e tem ligação à Internet, que são os requisitos que podem fazer com que a análise de

---

[10] https://www.cuckoosandbox.org/

malware decorra sem problemas. Os passos para aplicar a caixa de areia cuco para analisar o ficheiro PDF como um documento malicioso são descritos no apêndice I.

4.4. Conclusão

Neste capítulo, é proposto um modelo de defesa contra a engenharia social em várias camadas, que é o modelo de segurança decente para a primeira questão de investigação deste capítulo. Para as questões de investigação dois e três deste capítulo, as respostas podem ser resumidas da seguinte forma. A primeira camada, a camada de prevenção, centra-se no pré-processamento das potenciais vulnerabilidades que podem ser exploradas pelos atacantes de engenharia social. A segunda camada, a camada de deteção, é utilizada para detetar o ataque SE que quebrou a primeira camada. A terceira camada, a camada de controlo, destina-se a controlar todos os comportamentos maliciosos para posterior investigação ou utilização como prova de crime, mesmo que o engenheiro social tenha comprometido o recurso do sistema de informação. Em cada camada, são propostos vários mecanismos para facilitar o objetivo de defesa contra diferentes técnicas de engenharia social, a fim de proteger eficazmente os recursos relacionados com a informação e garantir a segurança informática. Além disso, o modelo proposto é extensível, o que significa que, no futuro, podem ser integrados mecanismos mais avançados neste modelo de defesa SE para melhorar a sua eficácia.

A desvantagem deste capítulo é o facto de o seu conteúdo poder ser escrito de forma muito mais detalhada com um catálogo de especificações de padrões deduzido de uma boa taxonomia no capítulo 3. No futuro, portanto, será proposto um modelo detalhado de defesa contra a engenharia social em termos de especificações de padrões deduzidas de uma taxonomia formalizada.

CAPÍTULO 5

5. Abordagens de medição

Neste capítulo, serão apresentadas várias abordagens de medição sugestivas sem a implementação completa. Apesar disso, o livro não dá ênfase ao estudo das abordagens de medição. São considerados dois tipos de abordagens de medição: abordagem de medição baseada no ser humano e abordagem de medição baseada no computador, que serão descritas nas subsecções seguintes.

5.1. abordagem de medição baseada no ser humano

A abordagem de medição baseada no ser humano centra-se na medição da sensibilização dos empregados para os ataques de engenharia social. As abordagens de medição convencionais são o inquérito, o questionário e até a entrevista individual. Neste livro, sugere-se a aplicação da abordagem de medição baseada na pontuação. É proposto um esquema de pontuação, como mostra o Quadro 3.

Awareness Level	Measurement Score Grade
Negative	0-19
Weak-negative	20-39
Average	40-59
Weak-positive	60-79
Positive	80-100

Quadro 3 Classificação da pontuação da abordagem de medição baseada em humanos

O esquema de pontuação tem cinco graus, que podem ser utilizados em qualquer inquérito, questionário ou mesmo entrevista individual, utilizados para testar a sensibilização dos trabalhadores, que consiste em conhecimentos, atitudes e comportamentos. Sem dúvida, também podem ser utilizadas outras dimensões da consciencialização dos trabalhadores para testar. O esquema de pontuação é útil para quantificar a abordagem de medição baseada no ser humano para facilitar a produção de estatísticas e a elaboração de relatórios.

Outra preocupação essencial é a forma de conceber as perguntas que serão utilizadas no inquérito, no questionário e na entrevista. No entanto, é uma questão complicada conceber perguntas de medição simples mas eficazes. O trabalho de definição das perguntas eficazes para testar a consciencialização dos trabalhadores pode ser concebido de acordo com a matriz da tríade comportamento/atitude/conhecimento [29].

A primeira tarefa é determinar o que medir. Para o efeito, pode ser construída uma árvore de valores semelhante à da Fig.12.

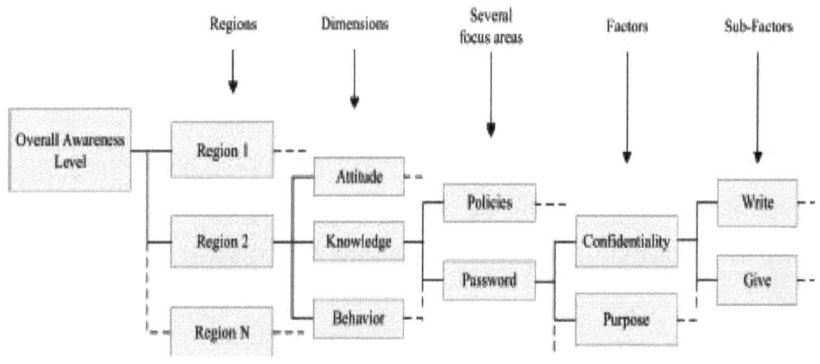

Figura 12 Estrutura em árvore do problema

A partir da árvore, são identificados os aspectos relacionados com a engenharia social que podem ser medidos para abranger as dimensões do conhecimento, da atitude e do comportamento, com as áreas de incidência associadas em cada dimensão. Em seguida, é desenvolvido e testado na sede da região e num dos locais operacionais da região um questionário com várias perguntas (algumas perguntas destinam-se a medir mais do que um aspeto), para captar a informação necessária. São realizados diferentes testes, incluindo testes com perguntas abertas, perguntas de escolha múltipla, contacto individual com os inquiridos e utilização do correio eletrónico.

O exemplo de perguntas pode ser descrito da seguinte forma:

<u>Pergunta para testar os conhecimentos:</u>
O acesso à Internet nos sistemas da empresa é um recurso corporativo e deve ser utilizado apenas para fins comerciais. 1.
Verdadeiro

2. Falso 3. Não sei

<u>Pergunta para testar a atitude:</u>
O equipamento móvel está normalmente coberto pela cobertura de seguro existente e não há necessidade especial de o incluir nas apólices de segurança.
1.
Verdadeiro
2. Falso 3. Não sei

<u>Pergunta para testar o comportamento:</u>
Estou ciente de que nunca se deve dar a sua palavra-passe a outra pessoa - no entanto, o meu trabalho é de tal natureza que, de vez em quando, dou a minha palavra-passe a um colega (apenas àqueles em quem confio!).
1. Verdadeiro 2. Falso

Em seguida, cada região pode obter uma pontuação de sensibilização de acordo com as respostas. A pontuação de sensibilização dividida pela pontuação total da região permite calcular o nível de sensibilização dos trabalhadores dessa região. Por exemplo, a pontuação de sensibilização é 68, pelo que o nível de sensibilização é fraco-positivo em termos do Quadro 3

O exemplo de perguntas acima referido é apenas uma amostra. O trabalho adicional de propor perguntas eficazes para aumentar a consciencialização dos empregados deve ser abordado por outros investigadores de segurança no futuro.

4.3.   abordagem de medição baseada em computador

A abordagem de medição baseada em computador tem por objetivo medir o mecanismo de segurança organizacional baseado em computador contra a engenharia social. Esta abordagem pode incluir uma série de testes técnicos de penetração sobre os recursos do sistema de informação que devem ser protegidos pelo mecanismo de segurança da organização. Os testes de penetração avaliam a eficácia do programa de segurança da informação e identificam os pontos fracos. Os testes de penetração são óptimos pontos de alavancagem para o grupo de segurança obter exposição da gestão e enfatizar a importância dos programas de segurança críticos.

Este livro não se centra na análise e aplicação dos conjuntos de ferramentas de engenharia social para testes de penetração. Este trabalho limita-se a enumerar vários conjuntos de ferramentas de engenharia social que podem ser tidos em conta pelos investigadores interessados (ver Quadro 4).

Quadro 4 Lista de conjuntos de ferramentas SE para ensaios de penetração

Tool	Usage
Metasploit[11]	General
SET[12] (Social-Engineer Toolkit)	Social engineering dedicated
SecurityIQ[13]	Phishing dedicated

SET é uma ferramenta de código aberto baseada em Python. Trata-se de uma estrutura de engenharia social dedicada, destinada a testes de penetração em torno da engenharia social. Por conseguinte, é o conjunto de ferramentas mais popular entre os engenheiros sociais. O Metasploit é um conjunto de ferramentas de penetração geral que pode ser utilizado para efetuar uma série de ataques à rede, como o buffer overflow, DDoS, SQL Inject, etc. No entanto, também integra o SET. Assim, o utilizador do Metasploit pode usufruir da utilização do SET no Metasploit. O SecurityIQ é um simulador de spear phishing dedicado e totalmente personalizável, que pode ajudar o penetrador responsável pela segurança a proteger a sua organização, combinando um simulador de phishing e uma plataforma de gestão de aprendizagem de sensibilização para a segurança numa única solução fácil de utilizar.

O principal objetivo de um teste de penetração é simular um atacante e a capacidade de afetar a capacidade da empresa de gerar receitas. Todas as ferramentas mencionadas acima podem simular atacantes que tentam contornar os controlos de segurança e obter acesso não autorizado aos sistemas. Podem ser utilizadas para afetar a organização de forma a identificar pontos fracos sistémicos no programa geral de segurança da informação. Penetrarão numa organização e tentarão identificar pontos fracos e tentarão obter acesso a sistemas sensíveis, propriedade intelectual e/ou sistemas comerciais importantes. O principal objetivo de um teste de penetração é simular um atacante e a capacidade de afetar a capacidade da empresa de gerar receitas. Todas as ferramentas mencionadas acima podem simular atacantes que tentam contornar os controlos de segurança e obter acesso não autorizado aos sistemas. Podem ser utilizadas para afetar a organização de forma a identificar pontos fracos sistémicos no programa geral de segurança da informação. Penetrarão numa organização e tentarão identificar pontos fracos e tentarão obter acesso a sistemas sensíveis, propriedade intelectual e/ou sistemas comerciais importantes.

Conclusão

Este capítulo sugere duas abordagens de medição: a abordagem de medição baseada no ser humano e a abordagem de medição baseada no computador. Propõe-se como métrica a nota de medição. A estrutura em árvore do problema pode ser utilizada para deduzir os critérios para definir as questões de sensibilização. Há duas lacunas neste capítulo. Em primeiro lugar, não é proposta a metodologia de proposta de perguntas de sensibilização. Em segundo lugar, o autor deveria desenvolver um teste de penetração automatizado do SE através de quaisquer kits de ferramentas de engenharia social sugestivos. Estas duas tarefas poderão ser objeto de trabalho futuro.

Conclusão e trabalho futuro

O ataque de engenharia social é uma questão em aberto e um grande desafio para a segurança informática das organizações modernas. Neste livro, o autor realizou um trabalho de estudo sobre a compreensão dos ataques SE, a defesa dos ataques SE e a medição dos mecanismos de segurança contra os ataques SE.

Em primeiro lugar, o autor analisou o estado da arte da engenharia social, incluindo os modelos conceptuais, as taxonomias, as políticas de segurança, os modelos de deteção e as abordagens de medição. Embora haja uma série de propostas, algumas questões em aberto não foram muito bem abordadas. Por exemplo, não existe uma taxonomia pormenorizada dos ataques de engenharia social que possa ser utilizada para analisar integralmente os ataques de engenharia social. Também não existe um modelo de defesa SE extensível que possa ser utilizado para lidar com diferentes ataques SE. Por conseguinte, este é o espaço problemático em que o autor pode envidar esforços.

Em segundo lugar, foi proposta uma nova taxonomia dos ataques de engenharia social. Trata-se de uma taxonomia pormenorizada, mas que ainda pode ser alargada com base na estrutura atual para as categorias futuras. Graças a esta nova taxonomia dos ataques de engenharia social, os investigadores em matéria de segurança podem obter informações sobre os diferentes ataques de engenharia social graças ao seu esquema de classificação completo. Pode também ajudar os investigadores de segurança a prever os futuros ataques SE em termos do espaço de ataque que pode ser formado pela combinação de diferentes categorias.

Em terceiro lugar, foi concebido e proposto um modelo de defesa da engenharia social em vários níveis. Este modelo de defesa SE é composto por três camadas: proteção, deteção e controlo. Cada camada tem o seu próprio objetivo de defesa. A camada de proteção destina-se a atenuar as potenciais vulnerabilidades da engenharia social, embora saibamos que o risco não pode ser eliminado, mas apenas reduzido. A camada de deteção é utilizada para detetar o comportamento malicioso que se destina a explorar as vulnerabilidades da engenharia social. E a camada de controlo destina-se a garantir que qualquer comportamento malicioso seja capturado, mesmo que os atacantes do SE tenham comprometido os recursos do sistema de informação. Assim, em cada camada são propostos vários mecanismos para facilitar estes objectivos de defesa, a fim de resistir a diferentes ataques SE. Além disso, o modelo de defesa SE pode ser alargado através da adição de novos mecanismos avançados na camada correspondente para o futuro.

Em quarto lugar, são apresentadas várias abordagens de medição sugestivas, incluindo a abordagem de medição baseada no ser humano e a abordagem de medição baseada no computador. O autor prefere utilizar um esquema de pontuação para quantificar a abordagem de medição da consciência psicológica. São enumerados alguns conjuntos de ferramentas de engenharia social candidatos a testes de penetração.

No entanto, o trabalho, incluindo a taxonomia e o modelo de defesa, pode ser melhorado se o autor formalizar a taxonomia numa ontologia e deduzir as especificações dos padrões a partir da taxonomia, de modo a analisar corretamente cenários reais de engenharia social. Além disso, deve ser elaborada uma tradução dos resultados numa árvore de processos de ataque para ajudar a propor um modelo de defesa detalhado da engenharia social. Além disso, está planeado desenvolver alguns testes de penetração com base no SET para avaliar o modelo de defesa da engenharia social proposto. Isto pode ser efectuado através do lançamento de uma variedade de ataques de engenharia social aos recursos do sistema de informação que são conduzidos ao abrigo do modelo de defesa SE proposto. Esperamos que este trabalho seja útil e possa inspirar os investigadores de segurança interessados e outras pessoas neste domínio.

Apêndice I

Primeiro, no anfitrião (que é um sistema operativo Linux, ou seja, Ubuntu), abra um novo Terminal e escreva a seguinte linha de comando:

```
$ python uti
ls/submit.py --platform windows --package pdf shares/aleppo_plan_cercs.pdf
```

O Aleppo_plan_cercs.pdf é o documento do malware. Depois, se o processo for bem sucedido, obterá uma saída como a seguinte captura de ecrã:

O Cuckoo começará então a tirar a última foto da máquina virtual que foi criada. O Windows abrirá o documento PDF automaticamente.

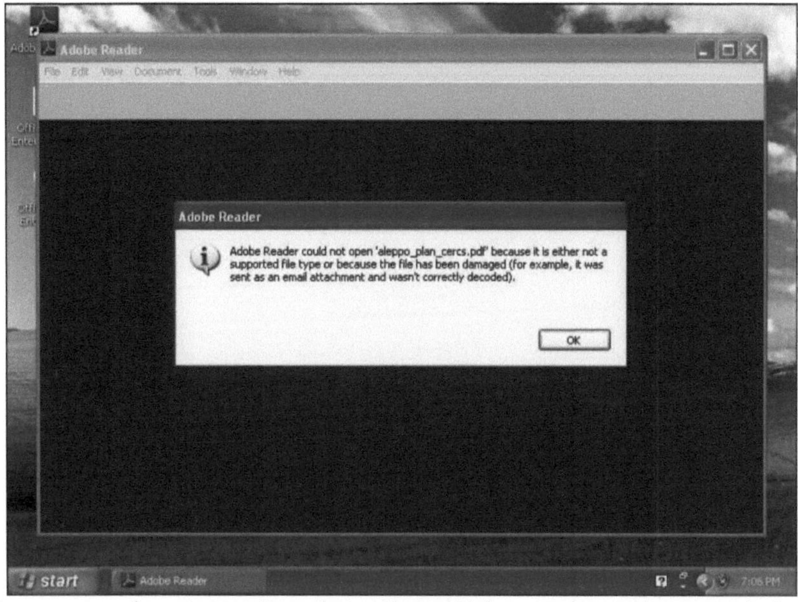

Parece que o documento não pode ser aberto. Talvez queiram saber porquê. A resposta a esta pergunta pode estar disponível no relatório Cuckoo. Clique em OK na janela de informação. Aguarde um momento para se certificar de que o Cuckoo pode registar todas as actividades em curso. Feche o Adobe Reader e aguarde até que a VM feche automaticamente.

Depois de a VM ter fechado e a tarefa 12 (este ID de tarefa pode ser diferente no seu SO) ter terminado, vamos ver o ficheiro report.html que está disponível em storage/analyses/12. Agora, pode abrir o ficheiro report.html no seu navegador

Web.

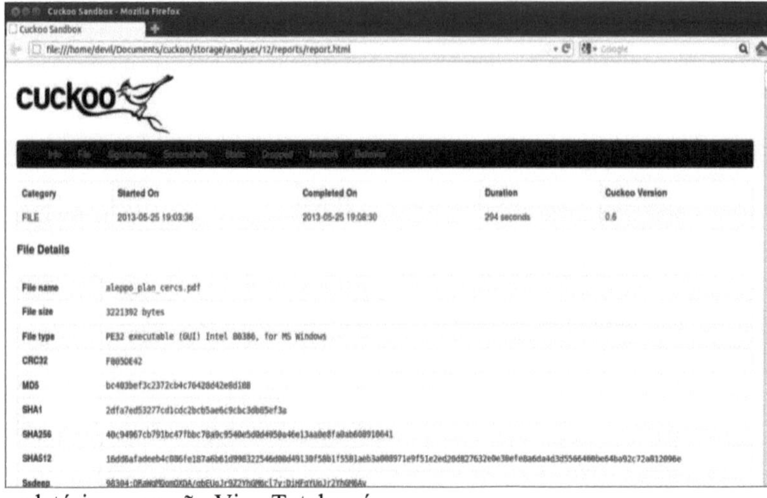

E o relatório na secção VirusTotal será:

A partir do relatório do VirusTotal, pode-se ver que o malware PDF é um Trojan. O antivírus McAfee chamou esse malware de **Artemis!BC403BEF3C23**, enquanto o ClamAV parece não reconhecê-lo. O Kaspersky chama-o pelo nome **Backdoor.Win32.DarkKomet.rzh**. Seja qual for o nome, conclui-se que o documento pode danificar o seu computador porque contém um Trojan no seu interior.

Referência

1. Engenheiro social. O que é phishing - exemplos de phishing do paypal. online: http://www.socialengineer.org/wiki/archives/Phishing/Phishing-PayPal.html, acedido pela última vez em 2013-07-04.
2. Google hack attack was ultra sophisticated. disponível online: http://www.wired.com/threatlevel/2010/01/operation-aurora/, último acesso em 2013-07-17.
3. Microsoft hackeada: A Microsoft foi hackeada: junta-se à Apple, ao Facebook e ao Twitter - Information Week. disponívelonline   : http://www.informationweek.com/security/\Attackacks/microsoft-hacked-joins-apple-facebook-tw/240149323, último acesso em 2013-07-10.
4. N. Perlroth. Chinese hackers infiltrate new york times computers, Jan. 2013. disponível em https://www.nytimes.com/2013/01/31/technology/chinese-hackers-infiltrate-new-york-times-computers.html, último acesso em: 201307-01.
5. Hossein Bidgoli. *Handbook of Information Security, Information Warfare, Social, Legal, and International Issues and Security Foundations (Handbook of Information Security)*. John Wiley & Sons, Inc., Nova Iorque, NY, EUA. 2006.
6. Ji-Xuan Feng e Janet Hughes. 2009. Analisar as questões de privacidade e segurança na era da informação - uma perspetiva ética. *WSEAS Trans. Info. Sci. andApp.* 6, 1 (janeiro de 2009), 126-135.
7. Projeto Honeywall. Know Your Enemy: Learning about Security Threats. Addison Wesley, 2004.
8. Joshi, R.C. e Sardana, A. eds., 2011. Honeypots: A New Paradigm to Information Security [Um novo paradigma para a segurança da informação]. CRC Press.
9. Estudo de Pesquisa Dimensional sobre Engenharia Social, Disponível em: http://www.checkpoint.com/press/downloads/social-engineering-survey.pdf.
10. SANS Institute InfoSec Reading Room, Disponível em: http://www.sans.org/reading-room/whitepapers/engineering/threat-social-engineering-defense-1232.
11. Amazon's customer service backdoor, Disponível em: https://medium.com/@espringe/amazon-s-customer-service-backdoor-be375b3428c4#.n2cjkqgv9
12. Maung K. Sein, Ola Henfridsson, Sandeep Purao, Matti Rossi e Rikard Lindgren, "Action design research", MIS Quarterly. Vol. 35, Issue 1, No. 2, pp. 37-56, março de 2011.
13. Tipton, Harold F., e Micki Krause. Information security management handbook. CRC Press, 2003.
14. Hadnagy, Christopher. Engenharia social: A arte do hacking humano. John Wiley & Sons, 2010

15. Mann, Ian. Hacking the human: social engineering techniques and security countermeasures [Hackear o ser humano: técnicas de engenharia social e contramedidas de segurança]. Gower Publishing, Ltd., 2012.
16. Daniel L Lough, "A Taxonomy of Computer Attacks with Applications to Wireless Networks," Virginia Tech, Ph.D. Dissertation April 2001.
17. Simon Hansman e Ray Hunt, "A Taxonomy of Network and Computer Attacks", Computers & Security, vol. 24, n.º 1, pp. 31-43, fevereiro de 2005.
18. A. Avizienis, J. C. Laprie, B. Randell e C. Landwehr, "Basic concepts and taxonomy of dependable and secure computing", em *IEEE Transactions on Dependable and Secure Computing,* vol. 1, n.º 1, pp. 11-33, janeiro-março de 2004.
19. Chris Simmons, Charles Ellis, Sajjan Shiva, Dipankar Dasgupta e Qishi Wu, "AVOIDIT: A Cyber Attack Taxonomy," Universidade de Memphis, Relatório Técnico CS-09-003, agosto de 2009.
20. van Heerden, R. P., Irwin, B., Burke, I. D., & Leenen, L. (2012). A Computer Network Attack Taxonomy and Ontology (Taxonomia e ontologia de ataques a redes informáticas). International Journal of Cyber Warfare and Terrorism (IJCWT), 2(3),   12-25. doi:10.4018/ijcwt.2012070102
21. Krombholz, Katharina, Heidelinde Hobel, Markus Huber e Edgar Weippl. "Ataques avançados de engenharia social". Journal of Information Security and applications 22 (2015): 113-122.
22. Ryan Heartfield e George Loukas. "A Taxonomy of Attacks and a Survey of Defence Mechanisms for Semantic Social Engineering Attacks" [Uma taxonomia de ataques e um levantamento de mecanismos de defesa para ataques de engenharia social semântica]. ACM Computing Surveys (CSUR) 48, no. 3 (2015): 37.
23. CESG. 2015. Ciberataques comuns: Reduzir o impacto. Obtido em https://www.gov.uk/government/uploads/system/uploads/attachment_data/fi le/400106/Common_Cyber_Attacks-Reducing_The_Impact.pdf.
24. F. Mouton, L. Leenen, M. M. Malan, e H. S. Venter, "Towards an ontological model defining the social engineering domain," in 11th Human Choice and Computers International Conference, Turku, Finlândia, julho de 2014, pp. 266-279.
25. Study on the Theft of Proprietary Information, Sociedade Americana de Segurança Industrial, Arlington, VA: ASIS, 1996
26. T. N. Jagatic, N. A. Johnson, M. Jakobsson, F. Menczer, "Social Phishing", Communications of the ACM, Vol. 50, No. 10, Out. 2007
27. Manjak, Martin. "Engenharia social dos seus empregados para a segurança da informação. "GIAC Gold Paper for Security Essentials, como parte da Sala de Leitura de Segurança da Informação, SANS Institute (2006).
28. Nohlberg, Marcus, Stewart Kowalski e Markus Huber. "Measuring Readiness against Automated Social Engineering" [Medindo a prontidão contra a engenharia social automatizada]. (2008): 20-1.

29. Nohlberg, Marcus, e Stewart Kowalski. "O ciclo do engano: um modelo de ataques, defesas e vítimas de engenharia social". In Second International Symposium on Human Aspects of Information Security and Assurance (HAISA 2008), Plymouth, Reino Unido, 8-9 de julho de 2008, pp. 1-11. Universidade de Plymouth, 2008.

30. Kruger, Hennie A., e Wayne D. Kearney. "A prototype for assessing information security awareness." computers & security 25, no. 4 (2006): 289-296.

31. Yi Cheng, Julia Deng, Jason Li, Scott A. DeLoach, Anoop Singhal e Xinming Ou. "Metrics of Security," In Cyber Defense and Situational Awareness, pp. 263-295. Springer International Publishing, 2014.

32. Mitnick, K., The Art of deception (A arte de enganar). Indianapolis:Wiley Publishing, Inc., ISBN: 076454280X, 2002

33. Mouton, François, Mercia M. Malan, Louise Leenen e Hein S. Venter. "Estrutura de ataque de engenharia social". Em Segurança da Informação para a África do Sul (ISSA), 2014, pp. 1-9. IEEE, 2014.

34. Gonzalez, Jose J., Jose M. Sarriegi, e Alazne Gurrutxaga. "Uma estrutura para concetualizar ataques de engenharia social". Em Critical Information Infrastructures Security, pp. 79-90. Springer Berlin Heidelberg, 2006.

35. Tetri, Pekka, e Jukka Vuorinen. "Dissecting social engineering. "Behaviour & Information Technology 32, no. 10 (2013): 10141023.

36. Abraham, Sherly, e InduShobha Chengalur-Smith. "Uma visão geral do malware de engenharia social: Tendências, tácticas e implicações". Technology in Society 32, no. 3 (2010): 183-196.

37. M. Bezuidenhout, F. Mouton e H. S. Venter, "Modelo de deteção de ataques de engenharia social: SEADM", *2010 Information Security for South Africa,* Sandton, Joanesburgo, 2010, pp. 1-8.

38. François Mouton, Mercia M. Malan, e Hein S. Venter. "Desenvolvimento de Medidas Psicológicas de Funcionamento Cognitivo para o SEADM". Em HAISA, pp. 40-51. 2012.

39. François Mouton, Louise Leenen e H.S. Venter, Modelo de deteção de ataques de engenharia social: SEADMv2, Conferência Internacional de 2015 sobre Cibermundos, 2015

40. R. Bhakta e I. G. Harris, "Semantic analysis of dialogs to detect social engineering attacks", *Semantic Computing (ICSC), 2015 IEEE International Conference on,* Anaheim, CA, 2015, pp. 424-427.

41. Gragg, David. "Uma defesa de vários níveis contra a engenharia social". SANS Reading Room, 13 de março (2003).

42. Tolga Mataracioglu, Sevgi Ozkan e Ray Hackney. "Rumo a um modelo de ciclo de vida de segurança contra ataques de engenharia social: SLM-SEA." arXiv preprint arXiv:1507.02458 (2015).

43. Organização Internacional de Normalização, 2005. ISO/IEC 27001 Tecnologia da informação - Técnicas de segurança - Sistemas de gestão da segurança da informação - Requisitos.

44. Allan, Ant, Noakes-Fry, Kristen, Mogull, Rich. "Business Update: Como as empresas podem se defender contra ataques de engenharia social". Gartner, 16 de março de 2005.
45. M. Cova, C. Kruegel, e G. Vigna, "Deteção e análise de ataques drive-bydownload e código JavaScript malicioso," In Proceedings of the 19th International Conference on World Wide Web. ACM, 281-290.
46. Z. Li, K. Zhang, Y. Xie, F. Yu, e X. Wang, "Knowing your enemy: Understanding and detecting malicious web advertising," In Proceedings of the ACM Conference on Computer and Communications Security, 2012.
47. A. P. Felt e D. Wagner, "Phishing em dispositivos móveis", em W2SP.
48. M. Mannan e P. C. van Oorschot, "On instant messaging worms, analysis and countermeasures," In Proceedings of the ACM Workshop on Rapid Malcode, 2-11, 2005.
49. S. Ford, M. Cova, C. Kruegel, e G. Vigna, "Analyzing and detecting malicious flash advertisements," In Proceedings of the Annual Computer Security Applications Conference (ACSAC'09). IEEE, 363-372, 2009
50. G. Madlmayr, J. Langer, C. Kantner e J. Scharinger, "Dispositivos NFC: Security and privacy," In Availability, Reliability and Security (ARES'08). IEEE, 642-647, 2008
51. J. R. Jacobs, "Measuring the Effectiveness of the USB Flash Drive as a Vetor for Social Engineering Attacks on Commercial and Residential Computer Systems", livro de mestrado, Embry-Riddle Aeronautical University.
52. A. Gazet, "Comparative analysis of various ransomware virii," Journal in Computer Virology 6, 1, 77-90, 2010
53. P. Ducklin. 2014. Anatomia de um vírus SMS para Android - Cuidado com Mensagens de texto, mesmo dos seus amigos   ¡Retrievedfrom https://nakedsecurity.sophos.com/2014/06/29/anatomy-of-an-android-sms-virus-watchout-for-text-messages-even-from-your-friends/.
54. Andrew Mathews, "Why worry? The cognitive function of anxiety. "Behaviour research and therapy 28, no. 6 (1990): 455-468.
55. Monchi, Oury, Michael Petrides, Valentina Petre, Keith Worsley e Alain Dagher. "Wisconsin Card Sorting revisitado: circuitos neurais distintos que participam em diferentes fases da tarefa identificada por ressonância magnética funcional relacionada com eventos." The Journal of Neuroscience 21, no. 19 (2001): 7733-7741.
56. Eriksen, Charles W. "A tarefa dos flanqueadores e a competição de respostas: Uma ferramenta útil para investigar uma variedade de problemas cognitivos". Visual Cognition 2, no. 2-3 (1995): 101-118.
57. Cicchetti, Domenic V., e Byron P. Rourke, eds. Methodological and biostatistical foundations of clinical neuropsychology and medical and health disciplines (Fundamentos metodológicos e bioestatísticos da neuropsicologia clínica e disciplinas médicas e de saúde). CRC Press, 2004.
58. L. Spitzner, "Honeypots: catching the insider threat", *Conferência sobre Aplicações de Segurança Informática, 2003. Actas. 19th Annual*, 2003,

yes

I want morebooks!

Buy your books fast and straightforward online - at one of world's fastest growing online book stores! Environmentally sound due to Print-on-Demand technologies.

Buy your books online at
www.morebooks.shop

Compre os seus livros mais rápido e diretamente na internet, em uma das livrarias on-line com o maior crescimento no mundo! Produção que protege o meio ambiente através das tecnologias de impressão sob demanda.

Compre os seus livros on-line em
www.morebooks.shop